HERACLIUS EMPEREUR D'ORIENT,

TRAGEDIE.

A PARIS,

Au Palais.

Chez

GUILLAUME DE LUYNE, dans la Salle des Merciers sous la montée de la Cour des Aydes à la Justice.

ESTIENNE LOYSON, au premier Pillier de la grand' Salle proche les Consultations, au Nom de Jesus.

PIERRE TRABOÜILLET, dans la Gallerie des Prisonniers, à l'Image S. Hubert, & à la Fortune proche le Greffe des Eaux & Forests.

M. DC. LXXXII.

Avec Privilege du Roy.

ACTEURS.

PHOCAS, Empereur d'Orient.

HERACLIUS, Fils de l'Empereur Maurice, creu Martian fils de Phocas, Amant d'Eudoxe.

MARTIAN, Fils de Phocas, creu Léonce fils de Léontine, Amant de Pulchérie.

PULCHERIE, Fille de l'Empereur Maurice, Maîtresse de Martian.

LEONTINE, Dame de Constantinople, autrefois Gouvernante d'Héraclius & de Martian.

EUDOXE, Fille de Léontine & Maîtresse d'Héraclius.

CRISPE, Gendre de Phocas.

EXUPERE, Patricien de Constantinople.

AMINTAS, Amy d'Exupére.

Un Page de Léontine.

La Scéne est à Constantinople.

HERACLIUS EMPEREUR D'ORIENT, TRAGEDIE.

ACTE I.

SCENE PREMIERE.

PHOCAS, CRISPE.

PHOCAS.

CRISPE, il n'eſt que trop vray, la plus belle Couronne
N'a que de faux brillans, dont l'eclat l'environne,
Et celuy, dont le Ciel pour un ſcéptre fait choix,
Jusqu'à ce qu'il le porte, en ignore le poids.
Mille & mille douceurs y ſemblent attachées,
Qui ne ſont qu'un amas d'amertumes cachées,
Qui croit les poſſéder les ſent s'évanoüir,
Et la peur de les perdre empeſche d'en joüir.

Sur tout qui, comme moy, d'une obscure naissance
Monte par la révolte à la Toute-puissance,
Qui de simple soldat à l'Empire élevé
Ne l'a que par le crime acquis, & conservé;
Autant que sa fureur s'est immolé de testes,
Autant dessus la sienne il croit voir de tempestes,
Et comme il n'a semé qu'épouvante, & qu'horreur,
Il n'en recueille enfin que trouble, & que terreur.
J'en ay semé beaucoup, & depuis quatre Lustres
Mon trosne n'est fondé que sur des morts illustres,
Et j'ay mis au tombeau, pour régner sans effroy,
Tout ce que j'en ay veû de plus digne que moy.
Mais le sang répandu de l'Empereur Maurice,
Ses cinq fils à ses yeux envoyez au supplice,
En vain en ont été les prémiers fondemens,
Si pour m'oster ce trosne ils servent d'instrumens.
On en fait revivre un au bout de vingt années,
Byzance ouvre (dis-tu) l'oreille à ces menées,
Et le Peuple, amoureux de tout ce qui me nuit,
D'une croyance avide embrasse ce faux bruit,
Impatient déja de se laisser séduire
Au prémier imposteur, armé pour me détruire,
Qui s'osant revétir de ce fantosme aimé,
Voudra servir d'idole à son zèle charmé.
Mais sçais-tu sous quel nõ ce fascheux bruit s'excite?

CRISPE.

Il nomme Héraclius, celuy qu'il ressuscite.

PHOCAS.

Quiconque en est l'autheur, devoit mieux l'inventer.
Le nom d'Héraclius doit peu m'épouvanter,
Sa mort est trop certaine, & fut trop remarquable,
Pour craindre un grand effet, d'une si vaine fable.
Il n'avoit que six mois, & luy perçant le flanc,
On en fit dégouter plus de lait, que de sang,
Et ce prodige affreux, dont je tremblay dans l'ame,
Fut aussi-tost suivy de la mort de ma femme.

Il

Il me souvient encor qu'il fut deux jours caché,
Et que, sans Léontine, on l'eust long-temps cherché,
Il fut livré par elle, à qui pour récompense
Je donnay de mon fils à gouverner l'enfance,
Du jeune Martian, qui d'âge presque égal,
Etoit resté sans mére, en ce moment fatal.
Juge par là combien ce conte est ridicule.

CRISPE.

Tout ridicule il plaist, & le Peuple est crédule.
Mais avant qu'à ce conte il se laisse emporter,
Il vous est trop aisé de le faire avorter.
Quand vous fistes périr Maurice, & sa famille,
Il vous en plût, Seigneur, réserver une fille,
Et résoudre deslors qu'elle auroit pour époux
Ce Prince destiné pour régner aprés vous.
Le Peuple en sa personne aime encore, & révére,
Et son pére Maurice, & son ayeul Tibére,
Et vous verra sans trouble en occuper le rang,
S'il voit tomber leur scéptre au reste de leur sang.
Non, il ne courra plus aprés l'ombre du frére,
S'il voit monter la sœur dans le trosne du pére;
Mais pressez cet Hymen. Le Prince aux champs de Mars
Chaque jour, chaque instant, s'offre à mille hazards,
Et n'eust été Léonce, en la derniére guerre
Ce dessein avec luy seroit tombé par terre,
Puisque sans la valeur de ce jeune guerrier
Martian demeuroit, ou mort, ou prisonnier.
Avant que d'y périr (s'il faut qu'il y périsse)
Qu'il vous laisse un neveu qui le soit de Maurice,
Et qui, réünissant l'une & l'autre maison,
Tire chez vous l'amour, qu'on garde pour son nom.

PHOCAS.

Hélas! dequoy me sert ce dessein salutaire,
Si pour en voir l'effet, tout me devient contraire?
Pulchérie, & mon fils ne se montrent d'accord,
Qu'à fuir cet Hyménée, à l'égal de la mort.

Et les aversions entre eux deux mutüelles
Les font d'intelligence à se montrer rebelles.
La Princesse sur tout frémit à mon aspect,
Et quoy qu'elle étudie un peu de faux respect,
Le souvenir des siens, l'orgueil de sa naissance,
L'emporte à tous momens à braver ma puissance.
Sa mére, que long-temps je voulus épargner,
Et qu'en vain par douceur j'espéray de gagner,
L'a de la sorte instruite, & ce que je voy suivre
Me punit bien du trop que je la laissay vivre.

CRISPE.

Il faut agir de force avec de tels esprits,
Seigneur, & qui les flate, endurcit leurs mépris :
La violence est juste, où la douceur est vaine.

PHOCAS.

C'est parlà qu'aujourd'huy je veux dompter sa haine.
Je l'ay mandée exprès, non plus pour la flater,
Mais pour prendre mon ordre, & pour l'éxécuter.

CRISPE.

Elle entre.

SCENE II.

PHOCAS, PULCHERIE, CRISPE.

PHOCAS.

ENfin, Madame, il est temps de vous rendre,
Le besoin de l'Etat défend de plus attendre,
Il luy faut des Césars, & je me suis promis
D'en voir naistre bien-tost de vous, & de mon fils.
Ce n'est pas éxiger grande reconnoissance
Des soins que mes bontez ont pris de vostre enfance,
De vouloir qu'aujourd'huy pour prix de mes biẽ-faits
Vous daigniez accepter les dons que je vous fais.

Ils ne sont point de honte au rang le plus sublime,
Ma Couronne, & mon fils valent bien quelque estime,
Je vous les offre encor, après tant de refus,
Mais apprenez aussi que je n'en souffre plus,
Que de force, ou de gré, je me veux satisfaire, (pére,
Qu'il me faut craindre en maistre, ou me chérir en
Et que, si vostre orgueil s'obstine à me haïr,
Qui ne peut estre aimé, se peut faire obéïr.

PULCHERIE.

J'ay rendu jusqu'icy cette reconnoissance
A ces soins tant vantez d'élever mon enfance,
Que tant qu'on m'a laissée en quelque liberté,
J'ay voulu me défendre avec civilité:
Mais puisqu'on use enfin d'un pouvoir tyrannique,
Je voy bien qu'à mon tour il faut que je m'explique,
Que je me montre entiére à l'injuste fureur,
Et parle à mon Tyran en fille d'Empereur.
Il falloit me cacher avec quelque artifice
Que j'étois Pulchérie, & fille de Maurice,
Si tu faisois dessein de m'éblouïr les yeux,
Jusqu'à prendre tes dons, pour des dons précieux.
Voy quels sont ces presens dont le refus t'étonne.
Tu me donnes, dis-tu, ton fils, & ta Couronne:
Mais que me donnes-tu, puisque l'une est à moy,
Et l'autre en est indigne, étant sorty de toy?
Ta libéralité me fait peine à comprendre,
Tu parles de donner, quand tu ne fais que rendre,
Et puisqu'avecque moy tu veux le couronner,
Tu ne me rens mon bien, que pour te le donner.
Tu veux que cet Hymen, que tu m'oses prescrire,
Porte dans ta maison les tîtres de l'Empire,
Et de cruel Tyran, d'infame ravisseur,
Te fasse vray Monarque, & juste possesseur.
Ne reproche donc plus à mon ame indignée
Qu'en perdant tous les miens, tu m'as seule épargnée.
Cette feinte douceur, cette ombre d'amitié,
Vint de ta Politique, & non de ta pitié;

Ton intéreſt deſlors fit ſeul cette réſerve.
Tu m'as laiſſé la vie, afin qu'elle te ſerve,
Et mal ſeur dans un troſne, où tu crains l'avenir,
Tu ne m'y veux placer, que pour t'y maintenir,
Tu ne m'y fais monter, que de peur d'en deſcendre:
Mais connoy Pulchérie & ceſſe de prétendre.
Je ſçay qu'il m'appartient, ce troſne où tu te ſieds,
Que c'eſt à moy d'y voir tout le Monde à mes pieds;
Mais comme il eſt encor teint du ſang de mon pére,
S'il n'eſt lavé du tien, il ne ſçauroit me plaire,
Et ta mort, que mes vœux s'efforcent de haſter,
Eſt l'unique degré par où j'y veux monter.
Voilà quelle je ſuis, & quelle je veux eſtre;
Qu'un autre t'aime en pére, ou te redoute en maiſtre,
Le cœur de Pulchérie eſt trop haut, & trop franc,
Pour craindre, ou pour flater le bourreau de ſon ſang.

PHOCAS.

J'ay forcé ma colére à te préter ſilence
Pour voir à quel excès iroit ton inſolence;
J'ay veu ce qui t'abuſe, & me fait mépriſer,
Et t'aime encor aſſez, pour te deſabuſer.
N'estime plus mon ſcéptre uſurpé ſur ton pére,
Ny que pour l'appuyer ta main ſoit néceſſaire:
Depuis vingt ans je régne, & je régne ſans toy,
Et j'en eus tout le droit du choix qu'on fit de moy.
Le Troſne où je me ſieds n'eſt pas un bien de race,
L'Armée a ſes raiſons pour remplir cette place,
Son choix en eſt le tître, & tel eſt noſtre ſort,
Qu'une autre élection nous condamne à la mort.
Celle qu'on fit de moy fut l'Arreſt de Maurice,
J'en vis avec regret le triſte ſacrifice,
Au repos de l'Etat il fallut l'accorder,
Mon cœur qui réſiſtoit fut contraint de céder;
Mais pour remettre un jour l'Empire en ſa famille,
Je fis ce que je pûs, je conſervay ſa fille,
Et ſans avoir beſoin de tître, ny d'appuy,
Je te fais part d'un bien, qui n'étoit plus à luy.

PULCHERIE.

Un chétif Centenier des troupes de Mysie,
Qu'un gros de mutinez élût par fantaisie,
Oser arrogamment se vanter à mes yeux
D'estre juste Seigneur du bien de mes ayeux !
Luy qui n'a pour l'Empire autre droit que ses crimes,
Luy qui de tous les miens fit autant de victimes,
Croire s'estre lavé d'un si noir attentat,
En imputant leur perte, au repos de l'Etat !
Il fait plus, il me croit digne de cette excuse !
Souffre, souffre à ton tour que je te desabuse,
Appren que si jadis quelques seditions
Usurpérent le droit de ces élections,
L'Empire étoit chez nous un bien héréditaire,
Maurice ne l'obtint, qu'en gendre de Tibére,
Et l'on voit depuis luy remonter mon destin
Jusqu'au grand Théodose, & jusqu'à Constantin.
Et je pourrois avoir l'ame assez abatuë . . .

PHOCAS.

Et bien, si tu le veux, je te le restituë,
Cet Empire, & consens encor que ta fierté
Impute à mes remords l'effet de ma bonté.
Dy que je te le rens, & te fais des caresses
Pour appaiser des tiens les Ombres vengeresses,
Et tout ce qui pourra sous quelque autre couleur
Authoriser ta haine, & flater ta douleur.
Pour un denier effort je veux souffrir la rage
Qu'allume dans ton cœur cette sanglante image :
Mais que t'a fait mon fils ? étoit-il au berceau
Des tiens que je perdis le juge, ou le bourreau ?
Tant de vertus qu'en luy le Monde entier admire
Ne l'ont-elles pas fait trop digne de l'Empire ?
En ay-je eu quelque espoir qu'il n'aye assez remply,
Et voit on sous le Ciel Prince plus accomply ?
Un cœur comme le tien, si grand, si magnanime . . .

PULCHERIE.

Va, je ne confons point ses vertus & ton crime.

Comme ma haine est juste, & ne m'aveugle pas,
J'en vois assez en luy pour les plus grands Etats,
J'admire chaque jour les preuves qu'il en donne,
J'honore sa valeur, j'estime sa personne,
Et panche d'autant plus à luy vouloir du bien,
Que s'en voyant indigne, il ne demande rien,
Que ses longues froideurs témoignent qu'il s'irrite,
De ce qu'on veut de moy par-de-là son mérite,
Et que de tes projets son cœur triste, & confus
Pour m'en faire justice, approuve mes refus.
Ce fils si vertüeux d'un pére si coupable
S'il ne devoit régner, me pourroit estre aimable,
Et cette grandeur mesme, où tu veux le porter
Est l'unique motif qui m'y fait résister.
Après l'assassinat de ma famille entiére,
Quand tu ne m'as laissé pére, mére, ny frére,
Que j'en fasse ton fils légitime héritier!
Que j'asseure par là leur trosne au meurtrier!
Non, non, si tu me crois le cœur si magnanime,
Qu'il ose séparer ses vertus de ton crime,
Sépare tes presens, & ne m'offre aujourd'huy
Que ton fils sans le Scéptre, ou le Scéptre sans luy.
Avise, & si tu crains qu'il te fust trop infame
De remettre l'Empire en la main d'une femme,
Tu peux dès aujourd'huy le voir mieux occupé;
Le Ciel me rend un frére à ta rage échapé,
On dit qu'Héraclius est tout prest de paroistre,
Tyran, descens du Trosne, & fay place à ton maistre.

PHOCAS.

A ce conte, arrogante, un fantosme nouveau,
Qu'un murmure confus fait sortir du tombeau,
Te donne cette audace, & cette confiance!
Ce bruit s'est fait déja digne de ta croyance,
Mais...

PULCHERIE.

Je sçay qu'il est faux, pour t'asseurer ce rang
Ta rage eut trop de soin de verser tout mon sang:

Mais la soif de ta perte en cette conjoncture
Me fait aimer l'autheur d'une belle imposture.
Au seul nom de Maurice il te fera trembler,
Puisqu'il se dit son fils, il veut luy ressembler,
Et cette ressemblance, où son courage aspire,
Mérite mieux que toy de gouverner l'Empire.
J'iray par mon suffrage affermir cette erreur,
L'avoüer pour mon frére, & pour mon Empereur,
Et dedans son party jetter tout l'avantage
Du Peuple convaincu par mon prémier hommage.
Toy, si quelque remords te donne un juste effroy,
Sors du Trosne, & te laisse abuser, comme moy;
Pren cette occasion de te faire justice.

PHOCAS.

Ouy, je me la feray bien-tost par ton supplice,
Ma bonté ne peut plus arréter mon devoir,
Ma patience a fait par-de-là son pouvoir;
Qui se laisse outrager mérite qu'on l'outrage,
Et l'audace impunie enfle trop un courage.
Tonne, menace, brave, espére en de faux bruits,
Fortifie, affermy ceux qu'ils auront séduits,
Dans ton ame à ton gré change ma Destinée,
Mais choisy pour demain la mort, ou l'Hyménée.

PULCHERIE.

Il n'est pas pour ce choix besoin d'un grand effort,
A qui hait l'Hyménée, & ne craint point la mort.

En ces deux Scénes Héraclius passe pour Martian & Martian pour Léonce. Héraclius se connoit, mais Martian ne se connoit pas.

SCENE III.

PHOCAS, PULCHERIE, HERACLIUS, CRISPE.

PHOCAS *à Pulchérie.*

DY si tu veux encor que ton cœur la souhaite.
à Héraclius.

Approche, Martian, que je te le répéte.
Cette ingrate Furie, aprés tant de mépris,
Conspire encor la perte, & du pére, & du fils;
Elle mesme a semé cette erreur populaire
D'un faux Héraclius, qu'elle accepte pour frére:
Mais quoy qu'à ces mutins elle puisse imposer,
Demain ils la verront mourir, ou t'épouser.

HERACLIUS.

Seigneur...

PHOCAS.

Garde sur toy d'attirer ma colére.

HERACLIUS.

Deussay-je mal user de cet amour de pére,
Etant ce que je suis, je me doy quelque effort,
Pour vous dire, Seigneur, que c'est vous faire tort,
Et que c'est trop montrer d'injuste défiance
De ne pouvoir régner, que par son alliance.
Sans prendre un nouveau droit du nom de son époux,
Ma naissance suffit, pour régner aprés vous,
J'ay du cœur, & tiendrois l'Empire mesme infame,
S'il falloit le tenir de la main d'une femme.

PHOCAS.

Et bien, elle mourra, tu n'en as pas besoin.

HERACLIUS.

De vous-mesme, Seigneur, daignez mieux prendre
Le Peuple aime Maurice, en perdre ce qui reste, (soin.
Nous rendroit ce tumulte au dernier point funeste.
Au nom d'Héraclius à demy soûlevé,
Vous verriez par sa mort le désordre achevé.
Il vaut mieux la priver du rang qu'elle rejette,
Faire régner une autre, & la laisser Sujette,
Et d'un party plus bas punissant son orgueil...

PHOCAS.

Quand Maurice peut tout du creux de son cercueil,
A ce fils supposé, dont il me faut défendre,
Tu parles d'ajouster un véritable gendre!

HERACLIUS.

Seigneur, j'ay des amis chez qui cette moitié...

PHOCAS.

A l'épreuve d'un Scéptre il n'est point d'amitié,
Point qui ne s'ébloüisse à l'éclat de sa pompe,
Point qu'après son Hymen sa haine ne corrompe:
Elle mourra, te dy-je.

PULCHERIE.

Ah! ne m'empeschez pas
De rejoindre les miens par un heureux trépas.
La vapeur de mon sang ira grossir la foudre
Que Dieu tient déja preste à le réduire en poudre,
Et ma mort en servant de comble à tant d'horreurs...

PHOCAS.

Par ses remercîmens juge de ses fureurs.
J'ay prononcé l'Arrest, il faut que l'effet suive.
Résous-là de t'aimer, si tu veux qu'elle vive,
Sinon, j'en jure encor, & ne t'écoute plus,
Son trépas dès demain punira ses refus.

SCENE IV.

PULCHERIE, HERACLIUS, MARTIAN.

HERACLIUS.

En vain il se promet que sous cette menace
J'espére en vostre cœur surprẽdre quelque place;
Vostre refus est juste, & j'en sçay les raisons.
Ce n'est pas à nous deux d'unir les deux maisons,
D'autres Destins, Madame, attendent l'un, & l'autre,
Ma foy m'engage ailleurs, aussi-bien que la vostre,
Vous aurez en Léonce un digne possesseur,
Je seray trop heureux d'en posséder la sœur,
Ce guerrier vous adore, & vous l'aimez de mesme,
Je suis aimé d'Eudoxe, autant comme je l'aime,

Léontine leur mére est propice à nos vœux,
Et quelque effort qu'on fasse à rompre ces beaux nœuds,
D'un amour si parfait les chaisnes sont si belles,
Que nos captivitez doivent estre éternelles.

PULCHERIE.

Seigneur, vous connoissez ce cœur infortuné,
Léonce y peut beaucoup, vous me l'avez donné,
Et vostre main illustre augmente le mérite
Des vertus dont l'éclat pour luy me sollicite.
Mais à d'autres pensers il me faut recourir,
Il n'est plus temps d'aimer, alors qu'il faut mourir,
Et quand à ce depart une ame se prépare...

HERACLIUS.

Redoutez un peu moins les rigueurs d'un barbare;
Pardonnez-moy ce mot, pour vous servir d'appuy,
J'ay peine à reconnoistre encore un pére en luy.
Résolu de périr pour vous sauver la vie
Je sens tous mes respects céder à cette envie,
Je ne suis plus son fils, s'il en veut à vos jours,
Et mon cœur tout entier vole à vostre secours.

PULCHERIE.

C'est donc avec raison que je commence à craindre,
Non la mort, non l'Hymen, où l'on me veut contraindre,
Mais ce péril extréme, où pour me secourir,
Je voy vostre grand cœur aveuglément courir.

MARTIAN.

Ah mon Prince, ah Madame, il vaut mieux vous résoudre,
Par un heureux Hymen, à dissiper ce foudre.
Au nom de vostre amour, & de vostre amitié,
Prenez de vostre sort tous deux quelque pitié,
Que la vertu du fils si pleine, & si sincére
Vainque la juste horreur, que vous avez du pére,
Et pour mon intérest n'exposez pas tous deux...

HERACLIUS.

Que me dis-tu, Léonce, & qu'est-ce que tu veux?

Tu m'as sauvé la vie, & pour reconnoissance,
Je voudrois à tes feux oster leur recompense,
Et ministre insolent d'un Prince furieux,
Couvrir de cette honte un nom si glorieux :
Ingrat à mon amy, perfide à ce que j'aime,
Crüel à la Princesse, odieux à moy-mesme ?
Je te connoy, Léonce, & mieux que tu ne crois,
Je sçay ce que tu vaux, & ce que je te dois.
Son bonheur est le mien, Madame, & je vous donne
Léonce & Martian en la mesme personne,
C'est Martian en luy que vous favorisez.
Opposons la constance aux périls opposez ;
Je vay près de Phocas essayer la priére,
Et si je n'en obtiens la grace toute entiére,
Malgré le nom de pére, & le tître de fils,
Je deviens le plus grand de tous ses ennemis.
Ouy, si sa crüauté s'obstine à vostre perte,
J'iray pour l'empescher jusqu'à la force ouverte,
Et puisse, si le Ciel m'y voit rien épargner,
Un faux Héraclius en ma place régner.
Adieu, Madame.

PULCHERIE.

Adieu, Prince trop magnanime,

Héraclius s'en va & Pulchérie continuë.

Prince digne en effet d'un Trosne acquis sans crime,
Digne d'un autre pére. Ah Phocas, ah Tyran,
Se peut-il que ton sang ait formé Martian ?
Mais allons, cher Léonce, admirant son courage,
Tascher de nostre part à repousser l'orage.
Tu t'ès fait des amis, je sçay des mécontens,
Le Peuple est ébranslé, ne perdons point de temps,
L'honneur te le commande, & l'amour t'y convie.

MARTIAN.

Pour ostage en ses mains ce Tigre a vostre vie,
Et je n'oseray rien, qu'avec un juste effroy
Qu'il ne venge sur vous, ce qu'il craindra de moy.

PULCHERIE.

N'importe, à tout oser le péril doit contraindre,
Il ne faut craindre rien, quand on a tout à craindre.
Allons éxaminer pour ce coup généreux
Les moyens les plus prompts, & les moins dangereux.

Fin du prémier Acte.

ACTE II.

SCENE PREMIERE.

LEONTINE, EUDOXE.

LEONTINE.

VOila ce que j'ay craint de ſon ame enflamée.

EUDOXE.

S'il m'euſt caché ſon ſort, il m'auroit mal aimée.

LEONTINE.

Avec trop d'imprudence il vous l'a révélé,
Vous étes fille, Eudoxe, & vous avez parlé.
Vous n'avez pû ſçavoir cette grande Nouvelle,
Sans la dire à l'oreille à quelque ame infidelle,
A quelque esprit leger, ou de voſtre heur jaloux,
A qui ce grand ſecret a peſé, comme à vous.
C'eſt par là qu'il eſt ſçeu, c'eſt par là qu'on publie
Ce prodige étonnant d'Héraclius en vie,
C'eſt par là qu'un Tyran plus instruit, que troublé
De l'ennemy ſecret qui l'auroit accablé
Ajouſtera bien-toſt ſa mort à tant de crimes,
Et ſe ſacrifîra, pour nouvelles victimes,
Ce Prince dans ſon ſein pour ſon fils élevé,
Vous qu'adore ſon ame, & moy qui l'ay ſauvé.
Voyez combien de maux, pour n'avoir ſçeu vous taire.

EUDOXE.

Madame, mon respect souffre tout d'une mére,
Qui, pour peu qu'elle veuille écouter la raison,
Ne m'accusera plus de cette trahison :
Car c'en est une enfin bien digne de supplice,
Qu'avoir d'un tel secret donné le moindre indice.

LEONTINE.

Et qui donc aujourd'huy le fait connoistre à tous ?
Est-ce le Prince, ou moy ?

EUDOXE.

Ny le Prince, ny vous.
De grace, examinez ce bruit qui vous alarme.
On dit qu'il est en vie, & son nom seul les charme,
On ne dit point comment vous trompastes Phocas
Livrant un de vos fils pour ce Prince au trépas,
Ny comme aprés, du sien étant la Gouvernante,
Par une tromperie encor plus importante,
Vous en fistes l'échange, & prenant Martian
Vous laissastes pour fils ce Prince à son Tyran,
En sorte que le sien passe icy pour mon frére,
Cependant que de l'autre il croit estre le pére,
Et voit en Martian Léonce qui n'est plus,
Tandis que sous ce nom il aime Héraclius.
On diroit tout cela, si par quelque imprudence,
Il m'étoit échapé d'en faire confidence :
Mais pour toute nouvelle, on dit qu'il est vivant,
Aucun n'ose pousser l'histoire plus avant,
Comme ce sont pour tous des routes inconnuës,
Il semble à quelques-uns qu'il doit tomber des nuës,
Et j'en sçay tel qui croit, dans sa simplicité,
Que pour punir Phocas, Dieu l'a ressuscité.
Mais le voicy.

SCENE II.

HERACLIUS, LEONTINE, EUDOXE.

HERACLIUS.

MAdame, il n'eſt plus temps de taire
D'un ſi profond ſecret le dangereux myſtere :
Le Tyran alarmé du bruit qui le ſurprend
Rend ma crainte trop juste, & le péril trop grand.
Non, que de ma naiſſance il faſſe conjecture,
Au contraire il prend tout pour groſſiére imposture,
Et me connoit ſi peu, que pour la renverſer
A l'Hymen qu'il ſouhaite il prétend me forcer.
Il m'oppoſe à mon nom qui le vient de ſurprendre,
Je ſuis fils de Maurice, il m'en veut faire gendre,
Et s'acquérir les droits d'un Prince ſi chéry
En me donnant moy-meſme à ma ſœur pour mary.
En vain nous réſistons à ſon impatience
Elle, par haine aveugle, & moy, par connoiſſance ;
Luy, qui ne conçoit rien de l'obstacle eternel,
Qu'oppoſe la Nature à ce nœud criminel,
Menace Pulchérie au refus obstinée,
Luy propoſe à demain la mort, ou l'Hyménée,
J'ay fait pour la fléchir un inutile effort,
Pour éviter l'inceste, elle n'a que la mort.
Jugez s'il n'eſt pas temps de mõtrer qui nous ſommes,
De ceſſer d'eſtre fils du plus méchant des hommes,
D'immoler mon Tyran aux périls de ma ſœur,
Et de rendre à mon pére un juste ſucceſſeur.

LEONTINE.

Puisque vous ne craignez que ſa mort, ou l'inceste,
Je rens grace, Seigneur, à la bonté céleste,

De ce qu'en ce grand bruit le Sort nous est si doux ;
Que nous n'avons encor rien à craindre pour vous.
Vostre courage seul nous donne lieu de craindre.
Moderez-en l'ardeur, daignez vous y contraindre,
Et puisqu'aucun soupçon ne dit rien à Phocas,
Soyez encor son fils, & ne vous montrez pas.
De quoy que ce Tyran menace Pulchérie,
J'auray trop de moyens d'arréter sa furie,
De rompre cét Hymen, ou de le retarder,
Pourveu que vous veuilliez ne vous point hazarder.
Répondez-moy de vous, & je vous répons d'elle.

HERACLIUS.

Jamais l'occasion ne s'offrira si belle.
Vous voyez un grand Peuple à demy révolté,
Sans qu'on sçache l'autheur de cette nouveauté.
Il semble que de Dieu la main appesantie,
Se faisant du Tyran l'effroyable Partie,
Veuille avancer par là son juste châtiment,
Que par un si grand bruit semé confusément
Il dispose les cœurs à prendre un nouveau maistre,
Et presse Héraclius de se faire connoistre.
C'est à nous de répondre à ce qu'il en pretend,
Montrons Héraclius au Peuple qui l'attend,
Evitons le hazard qu'un imposteur l'abuse,
Et qu'après s'estre armé d'un nom que je refuse,
De mon trosne à Phocas sous ce tître arraché
Il puisse me punir, de m'estre trop caché.
Il ne sera pas temps, Madame, de luy dire
Qu'il me rende mon nom, ma naissance, & l'Empire,
Quand il se prévaudra de ce nom déja pris,
Pour me joindre au Tyran, dont je passe pour fils.

LEONTINE.

Sans vous donner pour Chef à cette populace,
Je rompray bien encor ce coup, s'il vous menace ;
Mais gardons jusqu'au bout ce secret important,
Fiez-vous plus à moy, qu'à ce Peuple inconstant.

Ce que j'ay fait pour vous depuis voſtre naiſſance
Semble digne, Seigneur, de cette confiance,
Je ne laiſſeray point mon ouvrage imparfait,
Et bien-toſt mes deſſeins auront leur plein effet.
Je puniray Phocas, je vengeray Maurice,
Mais aucun n'aura part à ce grand ſacrifice,
J'en veux toute la gloire, & vous me la devez,
Vous régnerez par moy, ſi par moy vous vivez.
Laiſſez entre mes mains meurir vos Destinées,
Et ne hazardez point le fruit de vingt années.

EUDOXE.

Seigneur, ſi voſtre amour peut écouter mes pleurs,
Ne vous expoſez point au dernier des malheurs.
La mort de ce Tyran, quoy que trop légitime,
Aura dedans vos mains l'image d'un grand crime,
Le Peuple pour miracle oſera maintenir
Que le Ciel par ſon fils l'aura voulu punir,
Et ſa haine, obstinée après cette Chimére,
Vous croira parricide, en vengeant voſtre pére.
La vérité n'aura, ny le nom, ny l'effet
Que d'un adroit menſonge à couvrir ce forfait,
Et d'une telle erreur l'ombre ſera trop noire,
Pour ne pas obscurcir l'éclat de voſtre gloire.
Je ſçay bien que l'ardeur de venger vos parens...

HERACLIUS.

Vous en étes auſſi, Madame, & je me rens,
Je n'éxamine rien, & n'ay pas la puiſſance
De combatre l'amour, & la reconnoiſſance.
Le ſecret eſt à vous, & je ſerois ingrat,
Si ſans voſtre congé j'oſois en faire éclat,
Puisque ſans voſtre aveu, toute mon avanture,
Paſſeroit pour un ſonge, ou pour une impoſture.
Je diray plus, l'Empire eſt plus à vous, qu'à moy,
Puisqu'à Léonce mort tout entier je le doy,
C'eſt le prix de ſon ſang, c'eſt pour y ſatisfaire
Que je rens à la ſœur ce que je tiens du frére.

Non, que pour m'acquiter par cette éléction,
Mon devoir ait forcé mon inclination,
Il présenta mon cœur aux yeux qui le charmerent,
Il prépara mon ame aux feux qu'ils allumerent,
Et ces yeux tout-divins, par un soudain pouvoir,
Achevérent sur moy l'effet de ce devoir.
Ouy, mon cœur, chére Eudoxe, à ce trosne n'aspire,
Que pour vous voir bien-tost maîtresse de l'Empire,
Je ne me suis voulu jetter dans le hazard,
Que par la seule soif de vous en faire part;
C'étoit là tout mon but. Pour éviter l'inceste,
Je n'ay qu'à m'éloigner de ce climat funeste;
Mais si je me desrobe au rang qui vous est dû,
Ce sera par moy seul que vous l'aurez perdu;
Seul je vous osteray ce que je vous doy rendre:
Disposez des moyens, & du temps de le prendre,
Quand vous voudrez régner, faites-m'en possesseur;
Mais cõme enfin j'ay lieu de craindre pour ma sœur,
Tirez-la dans ce jour de ce péril extrème,
Ou demain, je ne prens conseil que de moy-mesme.

LEONTINE.

Reposez-vous sur moy, Seigneur, de tout son sort,
Et n'en appréhendez, ny l'Hymen, ny la mort.

SCENE III.

LEONTINE, EUDOXE.

LEONTINE.

Ce n'est plus avec vous qu'il faut que je déguise,
A ne vous rien cacher son amour m'authorise,
Vous sçaurez les desseins de tout ce que j'ay fait,
Et pourrez me servir à presser leur effet.
Nostre vray Martian adore la Princesse;
Animons toutes deux l'amant pour la Maîtresse,

Faiſons que ſon amour nous venge de Phocas,
Et de ſon propre fils arme pour nous le bras.
Si j'ay pris ſoin de luy, ſi je l'ay laiſſé vivre,
Si je perdis Léonce, & ne le fis pas ſuivre,
Ce fut ſur l'eſpoir ſeul qu'un jour pour s'agrandir
A ma pleine vengeance il pourroit s'enhardir,
Je ne l'ay conſervé que pour ce parricide.

EUDOXE.

Ah, Madame !

LEONTINE.

Ce mot déja vous intimide !
C'eſt à de telles mains qu'il nous faut recourir,
C'eſt par là qu'un Tyran eſt digne de périr,
Et le couroux du Ciel, pour en purger la Terre,
Nous doit un parricide, au refus du tonnerre.
C'eſt à nous qu'il remet de l'y précipiter,
Phocas le commettra, s'il le peut éviter,
Et nous immolerons au ſang de voſtre frére
Le pére par le fils, ou le fils par le pére.
L'ordre eſt digne de nous, le crime eſt digne d'eux :
Sauvons Héraclius au péril de tous deux.

EUDOXE.

Je ſçay qu'un parricide eſt digne d'un tel pére,
Mais faut-il qu'un tel fils ſoit en péril d'en faire,
Et ſçachant ſa vertu, pouvez-vous juſtement
Abuſer juſque-là de ſon aveuglement ?

LEONTINE.

Dans le fils d'un Tyran l'odieuſe naiſſance
Mérite que l'erreur arrache l'innocence,
Et que, de quelque éclat qu'il ſe ſoit revétu,
Un crime qu'il ignore en ſouille la vertu.

PAGE.

Exupére, Madame, eſt là qui vous demande.

LEONTINE.

Exupére ! à ce nom que ma ſurpriſe eſt grande !
Qu'il entre. A quel deſſein vient-il parler à moy?
Luy que je ne voy point ? qu'à peine je connoy ?

Dans l'ame il hait Phocas, qui s'immola son pére,
Et sa venuë icy cache quelque mystére.
Je vous l'ay déja dit, vostre langue nous perd.

SCENE IV.

EXUPERE, LEONTINE, EUDOXE.

EXUPERE.

MAdame, Héraclius vient d'estre découvert.

LEONTINE *à Eudoxe.*

Hé bien!

EUDOXE.

Si...

LEONTINE.

Taisez-vous. *à Exupére.* Depuis quand?

EXUPERE.

Tout à l'heure.

LEONTINE.

Et déja l'Empereur a commandé qu'il meure?

EXUPERE.

Le Tyran est bien loin de s'en voir éclaircy.

LEONTINE.

Comment?

EXUPERE.

Ne craignez rien, Madame, le voicy.

LEONTINE.

Je ne voy que Léonce.

EXUPERE.

Ah, quittez l'artifice.

SCENE V.

MARTIAN, LEONTINE, EXUPERE, EUDOXE.

MARTIAN.

Madame, doy-je croire un billet de Maurice ?
Voyez si c'est sa main, ou s'il est contrefait,
Dites s'il me détrompe, ou m'abuse en effet,
Si je suis vostre fils, ou s'il étoit mon pére.
Vous en devez connoistre encor le caractére.

Léontine lit le billet.

BILLET DE MAURICE.

Léontine a trompé Phocas,
Et livrant pour mon fils un des siens au trépas,
Desrobe à sa fureur l'héritier de l'Empire :
O vous qui me restez de fidelles Sujets,
Honorez son grand zéle, appuyez ses projets,
Sous le nom de Léonce Héraclius respire.

MAURICE.

Elle rend le billet à Exupére qui le luy a donné, & continuë.

Seigneur, il vous dit vray, vous étiez en mes mains,
Quand on ouvrit Byzance au pire des Humains,
Maurice m'honora de cette confiance ;
Mon zèle y répondit par-de-là sa croyance :
Le voyant prisonnier, & ses quatre autres fils,
Je cachay quelques jours ce qu'il m'avoit commis ;
Mais enfin toute preste à me voir découverte,
Ce zèle sur mon sang détourna vostre perte.
J'allay pour vous sauver vous offrir à Phocas,
Mais j'offris vostre nom, & ne vous donnay pas.

La généreuse ardeur de Sujette fidelle
Me rendit pour mon Prince à moy-mesme crüelle,
Mon fils fut pour mourir le fils de l'Empereur,
J'ébloüis le Tyran, je trompay sa fureur,
Léonce au lieu de vous luy servit de victime.

Elle fait un soûpir.

Ah! pardonnez de grace, il m'échape sans crime,
J'ay pris pour vous sa vie, & luy rens un soûpir,
Ce n'est pas trop, Seigneur, pour un tel souvenir;
A cet illustre effort par mon devoir réduite,
J'ay dompté la Nature, & ne l'ay pas détruite.
Phocas, ravy de joye à cette illusion,
Me combla de faveurs avec profusion,
Et nous fit de sa main cette haute fortune,
Dont il n'est pas besoin que je vous importune,
Voila ce que mes soins vous laissoient ignorer,
Et j'attendois, Seigneur, à vous le déclarer,
Que par vos grands exploits vostre rare vaillance
Pûst faire à l'Univers croire vostre naissance,
Et qu'une occasion pareille à ce grand bruit
Nous pûst de son aveu promettre quelque fruit:
Car comme j'ignorois que vostre grand Monarque
En eust pû rien sçavoir, ou laisser quelque marque,
Je doutois qu'un secret, n'éstant sçeu que de moy
Sous un Tyran si craint, pûst trouver quelque foy.

EXUPERE.

Comme sa crüauté, pour mieux gesner Maurice,
Le forçoit de ses fils à voir le sacrifice,
Ce Prince vit l'échange, & l'alloit empescher,
Mais l'acier des bourreaux fut plus prompt à trãcher,
La mort de vostre fils arréta cette envie,
Et prévint d'un moment le refus de sa vie.
Maurice, à quelque espoir se laissant lors flater,
S'en ouvrit à Felix qui vint le visiter,
Et trouva les moyens de luy donner ce gage
Qui vous en pûst un jour rendre un plein témoi-
gnage.

Félix est mort, Madame, & n'aguére en mourant,
Il remit ce depost à son plus cher parent,
Et m'ayant tout conté, *Tien*, dit-il, *Exupére*,
Sers ton Prince, & venge ton pére.
Armé d'un tel secret, Seigneur, j'ay voulu voir
Combien parmy le Peuple il auroit de pouvoir,
J'ay fait semer ce bruit, sans vous faire connoistre,
Et voyant tous les cœurs vous souhaiter pour maistre,
J'ay ligué du Tyran les secrets ennemis,
Mais sans leur découvrir plus qu'il ne m'est permis.
Ils aiment vostre nom, sans sçavoir davantage,
Et cette seule joye anime leur courage,
Sans qu'autres que les deux, qui vous parloient là-bas,
De tout ce qu'elle a fait sçachent plus que Phocas.
Vous venez de sçavoir ce que vous vouliez d'elle,
C'est à vous de répondre à son généreux zéle.
Le Peuple est mutiné, nos amis assemblez,
Le Tyran effrayé, ses confidens troublez,
Donnez l'aveu du Prince à sa mort qu'on apreste,
Et ne dédaignez pas d'ordonner de sa teste.

MARTIAN.

Surpris des nouveautez d'un tel événement,
Je demeure à vos yeux muet d'étonnement.
Je sçay ce que je dois, Madame, au grand service
Dont vous avez sauvé l'héritier de Maurice,
Je croyois, comme fils, devoir tout à vos soins,
Et je vous doy bien plus, lors que je vous suis moins:
Mais pour vous expliquer toute ma gratitude
Mon ame a trop de trouble, & trop d'inquiétude.
J'aimois, vous le sçavez, & mon cœur enflamé
Trouve enfin une sœur dedans l'objet aimé,
Je perds une Maîtresse, en gagnant un Empire;
Mon amour en murmure, & mon cœur en soûpire,
Et de mille pensers mon esprit agité
Paroit ensévely dans la stupidité.
Il est temps d'en sortir, l'honneur nous le cõmande.
Il faut donner un Chef à vostre illustre bande,

Allez, brave Exupére, allez, je vous rejoins,
Souffrez que je luy parle un moment, sans témoins.
Disposez cependant vos amis à bien faire,
Sur tout sauvons le fils, en immolant le pére;
Il n'eut rien du Tyran, qu'un peu de mauvais sang,
Dont la derniére guerre a trop purgé son flanc.

EXUPERE.

Nous vous rendrons, Seigneur, entiére obeïssance,
Et vous allons attendre avec impatience.

SCENE VI.

MARTIAN, LEONTINE, EUDOXE.

MARTIAN.

Madame, pour laisser toute sa dignité
A ce dernier effort de générosité,
Je croy que les raisons que vous m'avez données
M'en ont seules caché le secret tant d'années.
D'autres soupçonneroient qu'un peu d'ambition,
Du Prince Martian voyant la passion,
Pour luy voir sur le Trosne élever vostre fille
Auroit voulu laisser l'Empire en sa famille,
Et me faire trouver un tel destin bien doux,
Dans l'éternelle erreur d'estre sorty de vous;
Mais je tiendrois à crime une telle pensée.
Je me plains seulement d'une ardeur insensée,
D'un détestable amour que pour ma propre sœur
Vous-mesme vous avez allumé dans mon cœur.
Quel dessein faisiez-vous sur cet aveugle inceste?

LEONTINE.

Je vous aurois tout dit avant ce nœud funeste,
Et je le craignois peu, trop seure que Phocas,
Ayant d'autres desseins, ne le souffriroit pas.
Je voulois donc, Seigneur, qu'une flame si belle
Portast vostre courage aux vertus dignes d'elle,

Et

Et que voſtre valeur l'ayant ſçeu mériter,
Le refus du Tyran vous pûſt mieux irriter.
Vous n'avez pas rendu mon espérance vaine.
J'ay veu dans voſtre amour une ſource de haine,
Et j'oſe dire encor qu'un bras ſi renommé,
Peut-eſtre auroit moins fait, ſi le cœur n'euſt aimé.
Achevez donc, Seigneur, & puiſque Pulchérie
Doit craindre l'attentat d'une aveugle furie...

MARTIAN.

Peut-eſtre il vaudroit mieux moy-meſme la porter
A ce que le Tyran témoigne en ſouhaiter.
Son amour qui pour moy réſiste à ſa colére
N'y réſistera plus, quand je ſeray ſon frére;
Pourrois-je luy trouver un plus illuſtre époux?

LEONTINE.

Seigneur, qu'allez-vous faire, & que me dites-vous?

MARTIAN.

Que peut-eſtre, pour rompre un ſi digne Hyménée,
J'expoſe à tort ſa teſte avec ma Destinée,
Et fais d'Héraclius un chef de Conjurez
Dont je voy les complots encor mal aſſeurez.
Aucun d'eux du Tyran n'approche la perſonne,
Et quand meſme l'iſſuë en pourroit eſtre bonne,
Peut-eſtre il m'eſt honteux, de reprendre l'Etat,
Par l'infame ſuccès d'un laſche aſſaſſinat:
Peut-eſtre il vaudroit mieux, en teſte d'une Armée,
Faire parler pour moy toute ma Renommée,
Et trouver à l'Empire un chemin glorieux
Pour venger mes parens d'un bras victorieux.
C'eſt dont je vay réſoudre avec cette Princeſſe
Pour qui non plus l'amour, mais le ſang m'intéreſſe;
Vous avec voſtre Eudoxe...

LEONTINE.

Ah, Seigneur, écoutez.

MARTIAN.

J'ay beſoin de conſeils dans ces difficultez,

Mais à parler sans fard, pour écouter les vostres,
Outre mes intérests, vous en avez trop d'autres.
Je ne soupçonne point vos vœux, ny vostre foy,
Mais je ne veux d'avis, que d'un cœur tout à moy.
Adieu.

SCENE VII.

LEONTINE, EUDOXE.

LEONTINE.

Tout me confond, tout me devient cõtraire,
Je ne fais rien du tout, quand je pense tout faire,
Et lors que le hazard me flate avec excès,
Tout mon dessein avorte au milieu du succès.
Il semble qu'un Démon funeste à sa conduite
Des beaux commencemens empoisonne la suite.
Ce billet, dont je voy Martian abusé,
Fait plus en ma faveur que je n'aurois osé,
Il arme puissamment le fils contre le pére,
Mais comme il a levé le bras en qui j'espére,
Sur le point de fraper, je vois avec regret
Que la Nature y forme un obstacle secret.
La vérité le trompe, & ne peut le séduire,
Il sauve en reculant ce qu'il croit mieux détruire,
Il doute, & du costé que je le voy pancher,
Il va presser l'inceste, au lieu de l'empescher.

EUDOXE.

Madame, pour le moins vous avez connoissance
De l'autheur de ce bruit, & de mon innocence;
Mais je m'étonne fort de voir à l'abandon
Du Prince Héraclius les droits avec le nom.
Ce billet confirmé par vostre témoignage
Pour monter dans le Trosne, est un grand avantage.

Si Martian le peut ſous ce tître occuper,
Penſez-vous qu'il ſe laiſſe aiſément détromper,
Et qu'au prémier moment qu'il vous verra dédire
Aux mains de ſon vray maiſtre il remette l'Empire?

LEONTINE.

Vous étes curieuſe, & voulez trop ſçavoir.
N'ay-je pas déja dit que j'y ſçauray pourvoir?
Taſchons ſans plus tarder à revoir Exupére,
Pour prendre en ce deſordre un conſeil ſalutaire.

Fin du ſecond Acte

ACTE III.

SCENE PREMIERE.

MARTIAN, PULCHERIE.

MARTIAN.

E veux bien l'avoüer, Madame, (car mon cœur
A de la peine encor à vous nommer ma sœur)
Quand malgré ma fortune à vos pieds abaissée,
J'osay jusques à vous élever ma pensée,
Plus plein d'étonnement, que de timidité
J'interrogeois ce cœur sur sa témerité,
Et dans ses mouvemens, pour secrette réponse,
Je sentois quelque chose au dessus de Léonce,
Dont, malgré ma raison, l'impérieux effort
Emportoit mes desirs au-delà de mon sort.

PULCHERIE.

Moy-mesme assez souvent j'ay senty dans mon ame
Ma naissance en secret me reprocher ma flame:
Mais quoy, l'Impératrice à qui je doy le jour
Avoit innocemment fait naistre cet amour.
J'approchois de quinze ans, alors qu'empoisonnée
Pour avoir contredit mon indigne Hymenée,
Elle mesla ces mots à ses derniers soûpirs.
Le Tyran veut surprendre, ou forcer vos desirs,

Ma fille, & sa fureur à son fils vous destine,
Mais prenez un époux des mains de Leontine,
Elle garde un tresor, qui vous sera bien cher.
Cet ordre en sa faveur me sçeut si bien toucher,
Qu'au lieu de le haïr d'avoir livré mon frére,
J'en tins le bruit pour faux, elle me devint chére,
Et confondant ces mots de tresor, & d'époux
Je crûs les bien entendre, expliquant tout de vous.
J'opposois de la sorte à ma fiére naissance
Les favorables loix de mon obeïssance,
Et je m'imputois mesme à trop de vanité
De trouver entre nous quelque inégalité.
La race de Léonce étant Patricienne,
L'éclat de vos vertus l'égaloit à la mienne,
Et je me laissois dire en mes douces erreurs,
C'est de pareils Héros qu'on fait les Empereurs,
Tu peux bien sans rougir aimer un grand courage,
A qui le Monde entier peut rendre un juste hommage.
J'écoutois sans dédain ce qui m'authorisoit,
L'Amour pensoit le dire, & le sang le disoit,
Et de ma passion la flateuse imposture
S'emparoit dans mon cœur des droits de la Nature.

MARTIAN.

Ah, ma sœur (puisqu'enfin mon destin éclaircy
Veut que je m'accoûtume à vous nommer ainsi)
Qu'aisément l'amitié jusqu'à l'amour nous méne!
C'est un panchant si doux qu'on y tombe sans peine,
Mais quand il faut changer l'amour en amitié,
Que l'ame qui s'y force est digne de pitié,
Et qu'on doit plaindre un cœur, qui n'osant s'en dé-
Se laisse déchirer, avant que de se rendre! (fendre,
Ainsi donc la Nature à l'espoir le plus doux
Fait succéder l'horreur! & l'horreur d'estre à vous!
Ce que je suis m'arrache à ce que j'aimois d'estre!
Ah s'il m'étoit permis de ne me pas connoistre,
Qu'un si charmant abus seroit à préférer
A l'aspre verité qui vient de m'éclairer!

PULCHERIE.

J'eus pour vous trop d'amour, pour ignorer ses forces,
Je sçay quelle amertume aigrit de tels divorces,
Et la haine à mon gré les fait plus doucement,
Que quand il faut aimer, mais aimer autrement.
J'ay senty comme vous une douleur bien vive,
En brisant les beaux fers qui me tenoient captive :
Mais j'en condamnerois le plus doux souvenir,
S'il avoit à mon cœur coûté plus d'un soûpir.
Ce grand coup m'a surprise, & ne m'a point troublée,
Mon ame l'a receu sans en estre accablée,
Et comme tous mes feux n'avoient rien que de saint,
L'honneur les alluma, le devoir les éteint.
Je ne voy plus d'Amant, où je rencontre un frére,
L'un ne peut me toucher, ny l'autre me déplaire,
Et je tiendray toûjours mon bon-heur infiny,
Si les miens sont vengez, & le Tyran puny.
Vous, que va sur le trosne élever la naissance,
Régnez sur vostre cœur, avant que sur Byzance,
Et domptant comme moy ce dangereux mutin,
Commencez à répondre à ce noble destin.

MARTIAN.

Ah ! vous fustes toûjours l'illustre Pulchérie,
En fille d'Empereur dès le berceau nourrie,
Et ce grand nom sans peine a pû vous enseigner
Comment dessus vous-mesme il vous falloit régner :
Mais pour moy, qui caché sous une autre avanture
D'une ame plus commune ay pris quelque teinture,
Il n'est pas merveilleux si ce que je me crûs
Mesle un peu de Léonce au cœur d'Héraclius.
A mes confus regrets soyez donc moins sévére,
C'est Léonce qui parle, & non pas vostre frére :
Mais si l'un parle mal, l'autre va bien agir,
Et l'un ny l'autre enfin ne vous fera rougir.
Je vay des Conjurez embrasser l'entreprise,
Puisqu'une ame si haute à fraper m'authorise,

Et tient que pour répandre un si coupable sang
L'assassinat est noble, & digne de mon rang.
Pourray-je cependant vous faire une priére ?

PULCHERIE.

Prenez sur Pulchérie une puissance entiére.

MARTIAN.

Puisqu'un Amant si cher ne peut plus estre à vous,
Ny vous, mettre l'Empire en la main d'un époux,
Epousez Martian, comme un autre moy-mesme,
Ne pouvant estre à moy, soyez à ce que j'aime.

PULCHERIE.

Ne pouvant estre à vous, je pourrois justement
Vouloir n'estre à personne, & fuir tout autre Amant;
Mais on pourroit nommer cette fermeté d'ame
Un reste mal éteint d'incestüeuse flame.
Afin donc qu'à ce choix j'ose tout accorder,
Soyez mon Empereur, pour me le commander.
Martian vaut beaucoup, sa personne m'est chére,
Mais purgez sa vertu des crimes de son pére,
Et donnez à mes feux pour légitime objet
Dans le fils du Tyran vostre prémier Sujet.

MARTIAN.

Vous le voyez, j'y cours, mais enfin s'il arrive
Que l'issuë en devienne, ou funeste, ou tardive,
Vostre perte est jurée, & d'ailleurs nos amis
Au Tyran immolé voudront joindre ce fils.
Sauvez d'un tel péril, & sa vie, & la vostre,
Par cet heureux Hymen conservez l'un & l'autre;
Garantissez ma sœur des fureurs de Phocas,
Et mon amy, de suivre un tel pére au trépas.
Faites qu'en ce grand jour la troupe d'Exupére
Dans un sang odieux respecte mon beau-frere,
Et donnez au Tyran qui n'en pourra joüir
Quelques momens de joye afin de l'éblouïr.

PULCHERIE.

Mais durant ces momens unie à sa famille,
Il deviendra mon pére, & je seray sa fille,

Je luy devray respect, amour, fidélité,
Ma haine n'aura plus d'impétuosité,
Et tous mes vœux pour vous seront mols, & timides,
Quand mes vœux contre luy seront des parricides.
Outre que le succès est encore à douter,
Que l'on peut vous trahir, qu'il peut vous résister:
Si vous y succombez, pourray-je me dédire
D'avoir porté chez luy les tîtres de l'Empire?
Ah! combien ces momens, dequoy vous me flatez,
Alors pour mon supplice auroient d'éternitez!
Vostre haine voit peu l'erreur de sa tendresse,
Comme elle vient de naistre, elle n'est que foiblesse,
La mienne a plus de force, & les yeux mieux ouverts;
Et se deust avec moy perdre tout l'Univers,
Jamais un seul moment, quoy que l'on puisse faire,
Le Tyran n'aura droit de me traiter de pére.
Je ne refuse au fils ny mon cœur, ny ma foy,
Vous l'aimez, je l'estime, il est digne de moy,
Tout son crime est un pére à qui le sang l'attache,
Quand il n'en aura plus, il n'aura plus de tache,
Et cette mort propice à former ces beaux nœuds,
Purifiant l'objet, justifîra mes feux.
Allez donc préparer cette heureuse journée,
Et du sang du Tyran signez cet Hyménée.
Mais quel mauvais Démon devers nous le conduit.

MARTIAN.

Je suis trahy, Madame, Exupére le suit.

SCENE II.

PHOCAS, EXUPERE, AMYNTAS, MARTIAN, PULCHERIE, CHRISPE.

PHOCAS.

Quel est vostre entretien avec cette Princesse ?
Des nopces que je veux ?

MARTIAN.

C'est dequoy je le presse.

PHOCAS.

Et vous l'avez gagnée, en faveur de mon fils ?

MARTIAN.

Il sera son époux, elle me l'a promis.

PHOCAS.

C'est beaucoup obtenu d'une ame si rebelle.
Mais quand ?

MARTIAN.

C'est un secret que je n'ay pas sçeu d'elle.

PHOCAS.

Vous pouvez m'en dire un dont je suis plus jaloux.
On dit qu'Héraclius est fort connu de vous ;
Si vous aimez mon fils, faites-le moy connoistre.

MARTIAN.

Vous le connoissez trop, puisque je voy ce traistre.

EXUPERE.

Je sers mon Empereur, & je sçay mon devoir.

MARTIAN.

Chacun te l'avoûra, tu le fais assez voir.

PHOCAS.

De grace, éclaircissez ce que je vous propose.
Ce billet à demy m'en dit bien quelque chose,
Mais, Léonce, c'est peu si vous ne l'achevez.

MARTIAN.

Nommez-moy par mon nom, puisque vous le ſçavez,
Dites Héraclius, il n'eſt plus de Léonce,
Et j'entens mon Arreſt, ſans qu'on me le prononce.

PHOCAS.

Tu peux bien t'y réſoudre, aprés ton vain effort,
Pour m'arracher le ſceptre, & conſpirer ma mort.

MARTIAN.

J'ay fait ce que j'ay dû, vivre ſous ta puiſſance
C'euſt été démentir mon nom, & ma naiſſance,
Et ne point écouter le ſang de mes parens,
Qui ne crie en mon cœur que la mort des Tyrans.
Quiconque pour l'Empire eut la gloire de naiſtre
Renonce à cet honneur, s'il peut ſouffrir un maiſtre,
Hors le Troſne, ou la mort, il doit tout dédaigner,
C'eſt un laſche, s'il n'oſe, ou ſe perdre, ou régner.
J'entẽs donc mon Arreſt, ſans qu'on me le prononce,
Héraclius mourra, comme a vécu Léonce,
Bon Sujet, meilleur Prince, & ma vie, & ma mort
Rempliront dignement, & l'un, & l'autre ſort.
La mort n'a rien d'affreux pour une ame bien née,
A mes coſtez pour toy je l'ay cent fois traiſnée,
Et mon dernier exploit contre tes ennemis
Fut d'arréter ſon bras qui tomboit ſur ton fils.

PHOCAS.

Tu prens pour me toucher un mauvais artifice.
Héraclius n'eut point de part à ce ſervice,
J'en ay payé Léonce, à qui ſeul étoit dû
L'inestimable honneur de me l'avoir rendu.
Mais ſous des noms divers à ſoy-meſme contraire
Qui conſerva le fils attente ſur le pére,
Et ſe deſavoüant d'un aveugle ſecours,
Si-toſt qu'il ſe connoit, il en veut à mes jours.
Je te devois ſa vie, & je me doy juſtice.
Léonce eſt effacé par le fils de Maurice,
Contre un tel attentat rien n'eſt à balancer,
Et je ſçauray punir, comme récompenſer.

MARTIAN.

Je sçay trop qu'un Tyran est sans reconnoissance
Pour en avoir conceu la honteuse espérance,
Et suis trop au dessus de cette indignité
Pour te vouloir piquer de générosité.
Que ferois-tu pour moy, de me laisser la vie,
Si pour moy sans le Trosne elle n'est qu'infamie?
Héraclius vivroit pour te faire la Cour?
Ren-luy, ren-luy son Sceptre, ou prive-le du jour,
Pour ton propre intérest sois juge incorruptible,
Ta vie avec la sienne est trop incompatible,
Un si grand ennemy ne peut estre gagné,
Et je te punirois, de m'avoir épargné.
Si de ton fils sauvé j'ay rappelé l'image,
J'ay voulu de Léonce étaler le courage,
Afin qu'en le voyant, tu ne doutasses plus,
Jusques où doit aller celuy d'Héraclius.
Je me tiens plus heureux de périr en Monarque,
Que de vivre en éclat, sans en porter la marque,
Et puisque pour joüir d'un si glorieux sort
Je n'ay que ce moment qu'on destine à la mort,
Je la rendray si belle, & si digne d'envie,
Que ce moment vaudra la plus illustre vie.
M'y faisant donc conduire, asseure ton pouvoir,
Et délivre mes yeux de l'horreur de te voir.

PHOCAS.

Nous verrons la vertu de cette ame hautaine.
Faites-le retirer en la chambre prochaine, (choix
Crispe, & qu'on me l'y garde, attendant que mon
Pour punir son forfait, vous donne d'autres loix.

MARTIAN *à Pulchérie*

Adieu, Madame, Adieu. Je n'ay pû davantage,
Ma mort vous va laisser encor dans l'esclavage,
Le Ciel par d'autres mains vous en daigne affranchir.

SCENE III.

PHOCAS, PULCHERIE, EXUPERE, AMYNTAS.

PHOCAS.

ET toy, n'espére pas desormais me fléchir,
Je tiens Héraclius, & n'ay plus rien à craindre,
Plus lieu de te flater, plus lieu de me contraindre,
Ce frére, & ton espoir vont entrer au cercueil,
Et j'abatray d'un coup sa teste, & ton orgueil.
Mais ne te contrains point dans ces rudes alarmes,
Laisse aller tes soûpirs, laisse couler tes larmes.

PULCHERIE.

Moy pleurer! moy gémir, Tyran! j'aurois pleuré,
Si quelques laschetez l'avoient deshonoré,
S'il n'eust pas emporté sa gloire toute entiére,
S'il m'avoit fait rougir par la moindre priére,
Si quelque infame espoir qu'on luy dûst pardonner
Eust mérité la mort que tu luy vas donner.
Sa vertu jusqu'au bout ne s'est point démentie,
Il n'a point pris le Ciel, ny le Sort, à Partie,
Point querellé le bras qui fait ces lasches coups,
Point daigné contre luy perdre un juste couroux,
Sans te nommer ingrat, sans trop le nommer traistre,
De tous deux, de soy-mesme il s'est montré le maistre,
Et dans cette surprise il a bien sçeu courir
A la nécessité qu'il voyoit de mourir.
Je goustois cette joye en un sort si contraire,
Je l'aimay comme Amant, je l'aime comme frére,
Et dans ce grand revers je l'ay veu hautement
Digne d'estre mon frére, & d'estre mon Amant.

PHOCAS.

Explique, explique mieux le fond de ta pensée,
Et sans plus te parer d'une vertu forcée,
Pour appaiser le pére, offre le cœur au fils,
Et tasche à racheter ce cher frére à ce prix.

PULCHERIE.

Crois-tu que sur la foy de tes fausses promesses
Mon ame ose descendre à de telles bassesses?
Pren mõ sang pour le sien, mais s'il y faut mon cœur;
Périsse Héraclius, avec sa triste sœur.

PHOCAS.

Et bien, il va périr, ta haine en est complice.

PULCHERIE.

Et je verray du Ciel bien-tost choir ton supplice.
Dieu, pour le réserver à ses puissantes mains,
Fait avorter exprès tous les moyens humains,
Il veut fraper le coup, sans nostre ministére.
Si l'on t'a bien donné Léonce pour mon frére,
Les quatre autres peut-estre, à tes yeux abusez
Ont été, comme luy, des Césars supposez.
L'Etat qui dans leur mort voyoit trop sa ruine
Avoit des généreux, autres que Léontine,
Ils trompoient d'un Barbare aisément la fureur,
Qui n'avoit jamais veu la Cour, ny l'Empereur.
Crains, Tyran, crains encor, tous les quatre peut-estre
L'un après l'autre enfin se vont faire paroistre,
Et malgré tous ses soins, malgré tout ton effort,
Tu ne les connoistras, qu'en recevant la mort.
Moy-mesme à leur defaut je seray la conqueste
De quiconque à mes pieds apportera ta teste,
L'esclave le plus vil qu'on puisse imaginer
Sera digne de moy, s'il peut t'assassiner.
Va perdre Héraclius, & quitte la pensée,
Que je me pare icy d'une vertu forcée,
Et sans m'importuner de répondre à tes vœux,
Si tu prétens régner, défay toy de tous deux.

SCENE IV.

PHOCAS, EXUPERE, AMYNTAS.

PHOCAS.

J'Ecoute avec plaisir ces menaces frivoles,
Je ry d'un desespoir qui n'a que des paroles,
Et de quelque façon qu'elle m'ose outrager
Le sang d'Héraclius m'en doit assez venger.
Vous donc, mes vrais amis, qui me tirez de peine,
Vous dõt je voy l'amour, quãd j'en craignois la haine,
Vous qui m'avez livré mon secret ennemy,
Ne soyez point vers moy fidelles à demy.
Résolvez avec moy des moyens de sa perte.
La ferons-nous secrette, ou bien à force ouverte?
Prendrons-nous le plus seur, ou le plus glorieux?

EXUPERE.

Seigneur, n'en doutez point, le plus seur vaut le mieux?
Mais le plus seur pour vous, est que sa mort éclate,
De peur qu'en l'ignorant le Peuple ne se flate,
N'attende encor ce Prince, & n'ait quelque raison
De courir en aveugle à qui prendra son nom.

PHOCAS.

Donc pour oster tout doute à cette populace,
Nous envoîrons sa teste au milieu de la Place.

EXUPERE.

Mais si vous la coupez dedans vostre Palais,
Ces obstinez mutins ne le croiront jamais,
Et sans que pas-un d'eux à son erreur renonce,
Ils diront qu'on impute un faux nom à Léonce,
Qu'on en fait un fantosme afin de les tromper,
Prests à suivre toûjours qui voudra l'usurper.

PHOCAS.

Lors nous leur ferons voir ce billet de Maurice.

EXUPERE.

Ils le tiendront pour faux, & pour un artifice,
Seigneur, après vint ans vous espérez en vain
Que ce Peuple ait des yeux pour connoistre sa main.
Si vous voulez calmer toute cette tempeste,
Il faut en pleine Place abatre cette teste,
Et qu'il die en mourant à ce Peuple confus,
Peuple, n'en doute point, je suis Héraclius.

PHOCAS.

Il le faut, je l'avoüe, & déja je destine
A ce mesme échaffaut l'infame Léontine :
Mais si ces insolens l'arrachent de nos mains ?

EXUPERE.

Qui l'osera, Seigneur ?

PHOCAS.

Ce Peuple que je crains.

EXUPERE.

Ah, souvenez-vous mieux des desordres qu'enfante
Dans un Peuple sans Chef la prémiere épouvante.
Le seul bruit de ce Prince, au Palais arrété,
Dispersera soudain chacun de son costé,
Les plus audacieux craindront vostre justice,
Et le reste en tremblant ira voir son supplice.
Mais ne leur donnez pas, tardant trop à punir,
Le temps de se remettre, & de se réünir,
Envoyez des soldats à chaque coin des ruës,
Saisissez l'Hippodrome avec ses avenuës,
Dans tous les lieux publics rendez-vous le plus fort.
Pour nous, qu'un tel indice intéresse à sa mort,
De peur que d'autres mains ne se laissent séduire,
Jusques à l'échaffaut laissez-nous le conduire,
Nous aurons trop d'amis pour en venir à bout,
J'en répons sur ma teste, & j'auray l'œil à tout.

PHOCAS.

C'en est trop, Exupére, allez, je m'abandonne
Aux fidelles conseils que vostre ardeur me donne,
C'est l'unique moyen de dompter nos mutins,
Et d'éteindre à jamais ces troubles intestins.
Je vay, sans differer, pour cette grande affaire
Donner à tous mes Chefs un ordre nécessaire :
Vous, pour répondte aux soins que vous m'avez promis,
Allez de vostre part assembler vos amis,
Et croyez qu'après moy, jusqu'à ce que j'expire,
Ils seront, eux & vous, les maistres de l'Empire.

SCENE V.

EXUPERE, AMYNTAS.

EXUPERE.

Nous sommes en faveur, amy, tout est à nous,
L'heur de nostre destin va faire des jaloux.

AMYNTAS.

Quelque allegresse icy que vous fassiez paroistre,
Trouvez-vous doux les noms de perfide, & de traistre ?

EXUPERE.

Je sçay qu'aux généreux ils doivent faire horreur,
Ils m'ont frapé l'oreille, ils m'ont blessé le cœur ;
Mais bien-tost, par l'effet que nous devons attendre,
Nous serons en état de ne les plus entendre.
Allons, pour un moment qu'il faut les endurer,
Ne fuyons pas les biens qu'ils nous font espérer.

Fin du troisième Acte.

ACTE IV.

SCENE PREMIERE.

HERACLIUS, EUDOXE.

HERACLIUS.

Vous avez grand ſujet d'apprehender pour elle,
Phocas au dernier point la tiendra criminelle,
Et je le connoy mal, ou s'il la peut trouver
Il n'eſt moyen humain qui puiſſe la ſauver.
Je vous plains, cher Eudoxe, & non-pas voſtre mére,
Elle a bien mérité ce qu'a fait Exupére,
Il trahit juſtement qui vouloit me trahir.

EUDOXE.

Vous croyez qu'à ce point elle ait pû vous haïr!
Vous, pour qui ſon amour a forcé la Nature!

HERACLIUS.

Comment voulez-vous donc nommer ſon imposture?
M'empeſcher d'entreprendre, & par un faux rapport
Confondre en Martian & mon nom & mon ſort,
Abuſer d'un billet que le hazard luy donne,
Attacher de ſa main mes droits à ſa perſonne,
Et le mettre en état deſſous ſa bonne foy
De régner en ma place, ou de périr pour moy,
Madame, eſt-ce en effet me rendre un grand ſervice?

EUDOXE.

Euſt-elle démenty ce billet de Maurice,

Et l'eust-elle pû faire, à moins que reveler
Ce que sur tout alors il luy faloit celer ?
Quand Martian par là n'eust pas connu son pére,
C'étoit vous hazarder sur la foy d'Exupére ;
Elle en doutoit, Seigneur, & par l'événement
Vous voyez que son zèle en doutoit justement.
Seure en soy des moyens de vous rendre l'Empire
Qu'à vous-mesme jamais elle n'a voulu dire,
Elle a sur Martian tourné le coup fatal
De l'épreuve d'un cœur, qu'elle connoissoit mal.
Seigneur, où seriez-vous, sans ce nouveau service ?

HERACLIUS.

Qu'importe qui des deux on destine au supplice ?
Qu'importe, Martian, veu ce que je te doy,
Qui trahisse mon sort, d'Exupére, ou de moy ?
Si l'on ne me découvre, il faut que je m'expose,
Et l'un, & l'autre enfin ne sont que mesme chose,
Sinon, qu'étant trahy je mourrois malheureux,
Et que m'offrant pour toy, je mourray généreux.

EUDOXE.

Quoy ! pour desabuser une aveugle furie,
Rompre vostre destin, & donner vostre vie !

HERACLIUS.

Vous étes plus aveugle encor en vostre amour.
Perira-t'il pour moy, quand je luy doy le jour,
Et lors que sous mon nom il se livre à sa perte,
Tiendray-je sous le sien ma fortune couverte ?
S'il s'agissoit icy de le faire Empereur,
Je pourrois luy laisser mon nom, & son erreur :
Mais conniver en lasche à ce nom qu'on me vole,
Quand son pére à mes yeux au lieu de moy l'immole !
Souffrir qu'il se trahisse aux rigueurs de mon sort !
Vivre par son supplice, & régner par sa mort !

EUDOXE.

Ah ! ce n'est pas, Seigneur, ce que je vous demande,
De cette lascheté l'infamie est trop grande :

Montrez-vous pour ſauver ce Héros du trépas,
Mais montrez-vous en maiſtre, & ne vous perdez pas.
Rallumez cette ardeur où s'oppoſoit ma mére;
Garantiſſez le fils par la perte du pére,
Et prenant à l'Empire un chemin éclatant,
Montrez Héraclius au Peuple qui l'attend.

HERACLIUS.

Il n'eſt plus temps, Madame, un autre a pris ma place,
Sa priſon a rendu le Peuple tout de glace,
Déja préoccupé d'un autre Héraclius,
Dans l'effroy qui le trouble, il ne me croira plus,
Et ne me regardant, que comme un fils perfide,
Il aura de l'horreur de ſuivre un Parricide.
Mais quand meſme il voudroit ſeconder mes deſſeins,
Le Tyran tient déja Martian en ſes mains,
S'il voit qu'en ſa faveur je marche à force ouverte,
Piqué de ma révolte il haſtera ſa perte,
Et croire qu'en m'oſtant l'eſpoir de le ſauver,
Il m'oſtera l'ardeur qui me fait ſoûlever.
N'en parlons plus, en vain voſtre amour me retarde,
Le ſort d'Héraclius tout entier me regarde,
Soit qu'il faille régner, ſoit qu'il faille périr,
Au tombeau, comme au troſne on me verra courir.
Mais voicy le Tyran, & ſon traiſtre Exupére.

SCENE II.

PHOCAS, HERACLIUS, EXUPERE, EUDOXE, Troupe de Gardes.

PHOCAS *montrant Eudoxe à ſes Gardes.*

OU'on la tienne en lieu ſeur en attendant ſa mére.

HERACLIUS.

A-t'elle quelque part...

PHOCAS.

Nous verrons à loisir,
Il est bon cependant de la faire saisir.

EUDOXE *s'en allant.*

Seigneur, ne croyez rien de ce qu'il vous va dire.

PHOCAS *à Eudoxe.*

Je croiray ce qu'il faut pour le bien de l'Empire.

à Héraclius.

Ses pleurs pour ce coupable imploroient ta pitié?

HERACLIUS.

Seigneur...

PHOCAS.

Je sçay pour luy quelle est ton amitié,
Mais je veux que toy-mesme, ayant bien veu son crime,
Tiennes ton zèle injuste, & sa mort légitime.
Qu'on le fasse venir. Pour en tirer l'aveu
Il ne sera besoin, ny du fer, ny du feu,
Loin de s'en repentir l'orgueilleux en fait gloire.
Mais que me diras-tu qu'il ne me faut pas croire?
Eudoxe m'en conjure, & l'avis me surprend.
Aurois-tu découvert quelque crime plus grand?

HERACLIUS.

Ouy, sa mére a plus fait contre vostre service
Que ne sçait Exupére, & que n'a veu Maurice.

PHOCAS.

La perfide! ce jour luy sera le dernier.
Parle.

HERACLIUS.

J'acheveray devant le prisonnier,
Trouvez bon qu'un secret d'une telle importance,
Puisque vous le mandez, s'explique en sa presence.

PHOCAS.

Le voicy, mais sur tout ne me dy rien pour luy.

SCENE III.

PHOCAS, HERACLIUS, MARTIAN, EXUPERE, Troupe de Gardes.

HERACLIUS.

Je sçay qu'en ma priére il auroit peu d'appuy,
Et loin de me donner une inutile peine,
Tout ce que je demande à vostre juste haine,
C'est que de tels forfaits ne soient pas impunis :
Perdez Héraclius, & sauvez vostre fils.
Voilà tout mon souhait, & toute ma priére.
M'en refuserez-vous ?

PHOCAS.

Tu l'obtiendras entiére,
Ton salut en effet est douteux sans sa mort.

MARTIAN.

Ah Prince, j'y courois sans me plaindre du Sort,
Son indigne rigueur n'est pas ce qui me touche ;
Mais en oüyr l'Arrest sortir de vostre bouche !
Je vous ay mal connu jusques à mon trépas.

HERACLIUS.

Et mesme en ce moment tu ne me connois pas.
Ecoute, pére aveugle, & toy, Prince crédule,
Ce que l'honneur défend que plus je dissimule.
Phocas, connoy ton sang, & tes vrais ennemis,
Je suis Héraclius, & Léonce est ton fils.

MARTIAN.

Seigneur que dites-vous ?

HERACLIUS.

Que je ne puis plus taire
Que deux fois Léontine osa tromper ton pére,

Et semant de nos noms un insensible abus,
Fit un faux Martian du jeune Héraclius.

PHOCAS.

Maurice te dément, lasche, tu n'as qu'à lire.
Sous le nom de Léonce Héraclius respire.
Tu fais après cela des contes superflus.

HERACLIUS.

Si ce billet fut vray, Seigneur, il ne l'est plus.
J'étois Léonce alors, & j'ay cessé de l'estre,
Quand Maurice immolé n'en a pû rien connoistre.
S'il laissa par écrit ce qu'il avoit pû voir,
Ce qui suivit sa mort fut hors de son pouvoir.
Vous portastes soudain la guerre dans la Perse,
Où vous eustes trois ans la Fortune diverse:
Cependant Léontine étant dans le Chasteau
Reine de nos Destins & de nostre berceau,
Pour me rendre le rang qu'occupoit vostre race,
Prit Martian pour elle, & me mit en sa place.
Ce zèle en ma faveur luy succeda si bien,
Que vous-mesme au retour vous n'en connustes rien,
Et ces informes traits qu'à six mois a l'enfance,
Ayant mis entre nous fort peu de différence,
Le foible souvenir en trois ans s'en perdit,
Vous pristes aisément ce qu'elle vous rendit:
Nous vécusmes tous deux, sous le nom l'un de l'autre,
Il passa pour son fils, je passay pour le vostre,
Et je ne jugeois pas ce chemin criminel,
Pour remonter sans meurtre au Trosne paternel.
Mais voyant cette erreur fatale à cette vie,
Sans qui déja la mienne auroit été ravie,
Je me croirois, Seigneur, coupable infiniment
Si je souffrois encore un tel aveuglement,
Je viens reprendre un nom qui seul a fait son crime,
Conservez vostre haine, & changez de victime,
Je ne demande rien que ce qui m'est promis,
Perdez Héraclius, & sauvez vostre fils,

MARTIAN.

Admire de quel fils le Ciel t'a fait le pére,
Admire quel effort sa vertu vient de faire,
Tyran, & ne pren pas pour une vérité,
Ce qu'invente pour moy sa générosité.

à Héraclius.

C'est trop, Prince, c'est trop pour ce petit service,
Dont honora mon bras ma fortune propice,
Je vous sauvay la vie, & ne la perdis pas,
Et pour moy vous cherchez un asseuré trépas!
Ah! si vous m'en devez quelque reconnoissance,
Prince, ne m'ostez pas l'honneur de ma naissance,
Avoir tant de pitié d'un sort si glorieux,
De crainte d'estre ingrat, c'est m'estre injurieux.

PHOCAS.

En quel trouble me jette une telle dispute!
A quels nouveaux malheurs m'expose-t'elle en bute!
Lequel croire, Exupére, & lequel démentir?
Tombay-je dans l'erreur, ou si j'en vay sortir?
Si ce billet est vray, le reste est vray-semblable.

EXUPERE.

Mais qui sçait si ce reste est faux, ou véritable?

PHOCAS.

Léontine deux fois a pû tromper Phocas.

EXUPERE.

Elle a pû les changer, & ne les changer pas.
Et plus que vous, Seigneur, dedans l'inquiétude
Je ne voy que du trouble, & de l'incertitude.

HERACLIUS.

Ce n'est pas d'aujourd'huy que je sçay qui je suis,
Vous voyez quels effets en ont esté produits;
Depuis plus de quatre ans vous voyez quelle adresse
J'apporte à rejetter l'Hymen de la Princesse,
Où sans doute aisément mon cœur eust consenty,
Si Léontine alors ne m'en eust averty.

MARTIAN.

Léontine?

ERACLIUS.

Elle-mesme.

MARTIAN.

Ah Ciel ! quelle est sa ruse !
Martian aime Eudoxe, & sa mére l'abuse ;
Par l'horreur d'un Hymen qu'il croit incestüeux,
De ce Prince à sa fille elle asseure les vœux,
Et son ambition, adroite à le séduire,
Le plonge en une erreur dont elle attend l'Empire.
Ce n'est que d'aujourd'huy que je sçay qui je suis,
Mais de mon ignorance elle espéroit ces fruits,
Et me tiendroit encor la vérité cachée,
Si tantost ce billet ne l'en eust arrachée.

PHOCAS *à Exupére.*

La méchante l'abuse aussi-bien que Phocas.

EXUPERE.

Elle a pû l'abuser, & ne l'abuser pas.

PHOCAS.

Tu vois comme la fille a part au stratagème.

EXUPERE.

Et que la mére a pu l'abuser elle mesme.

PHOCAS.

Que de pensers divers ! que de soucis flotans !

EXUPERE.

Je vous en tireray, Seigneur, dans peu de temps.

PHOCAS.

Dy-moy, tout est-il prest pour ce juste supplice.

EXUPERE.

Ouy, si nous connoissions le vray fils de Maurice.

HERACLIUS.

Pouvez-vous en douter après ce que j'ay dit ?

MARTIAN.

Donnez-vous à l'erreur encor quelque crédit ?

HERACLIUS.

Amy, ren-moy mon nom, la faveur n'est pas grande,
Ce n'est que pour mourir que je te le demande,

Repren ce triste jour, que tu m'as racheté,
Ou ren-moy cet honneur, que tu m'as presque osté.

MARTIAN.

Pourquoy de mon Tyran volontaire victime,
Précipiter vos jours, pour me noircir d'un crime?
Prince, qui que je sois, j'ay conspiré sa mort,
Et nos noms au dessein donnent un divers sort:
Dedans Héraclius il a gloire solide,
Et dedans Martian il devient parricide.
Puisqu'il faut que je meure, illustre, ou criminel,
Couvert, ou de loüange, ou d'opprobre éternel,
Ne souillez point ma mort, & ne vueillez pas faire
Du vengeur de l'Empire, un assassin d'un pére,

HERACLIUS.

Mon nom seul est coupable, & sans plus disputer,
Pour te faire innocent, tu n'as qu'à le quitter;
Il conspira luy seul, tu n'en ès point complice,
Ce n'est qu'Héraclius qu'on envoye au supplice,
Sois son fils, tu vivras.

MARTIAN.

Si je l'avois été.
Seigneur, ce traistre en vain m'auroit sollicité,
Et lors que contre vous il m'a fait entreprendre,
La Nature en secret auroit sçeu m'en défendre.

HERACLIUS.

Appren donc qu'en secret mon cœur t'a prévenu,
J'ay voulu conspirer, mais on m'a retenu,
Et dedans mon péril Léontine timide...

MARTIAN.

N'a pû voir Martian commettre un parricide.

HERACLIUS.

Toy, que de Pulchérie elle a fait amoureux,
Juge sous les deux noms ton dessein & tes feux.
Elle a rendu pour toy l'un & l'autre funeste,
Martian parricide, Héraclius inceste,
Et n'eust pas eu pour moy d'horreur d'un grãd forfait
Puisque dans ta personne elle en pressoit l'effet.

Mais elle m'empeſchoit de hazarder ma teſte,
Eſpérant par ton bras me livrer ma conqueſte.
Ce favorable aveu dont elle t'a ſéduit
T'expoſoit aux périls, pour m'en donner le fruit,
Et c'étoit ton ſuccès qu'attendoit ſa prudence,
Pour découvrir au Peuple, ou cacher ma naiſſance.

PHOCAS.

Hélas! je ne puis voir qui des deux eſt mon fils,
Et je voy que tous deux ils ſont mes ennemis.
En ce piteux état quel conſeil doy-je ſuivre?
J'ay craint un ennemy, mon bon-heur me le livre,
Je ſçay que de mes mains il ne ſe peut ſauver,
Je ſçay que je le vois, & ne puis le trouver.
La Nature tremblante, incertaine, étonnée,
D'un nüage confus couvre ſa Deſtinée,
L'aſſaſſin ſous cette ombre échape à ma rigueur,
Et preſent à mes yeux, il ſe cache en mon cœur.
Martian. A ce nom aucun ne veut répondre,
Et l'amour paternel ne ſert qu'à me confondre,
Trop d'un Héraclius en mes mains eſt remis,
Je tiens mon ennemy, mais je n'ay plus de fils.
Que veux-tu donc, Nature, & que pretens-tu faire!
Si je n'ay plus de fils, puis-je encor eſtre pére?
Dequoy parle à mon cœur ton murmure imparfait?
Ne me dy rien du tout, ou parle tout à fait,
Qui que ce ſoit des deux que mon ſang ait fait naiſtre,
Ou laiſſe-moy le perdre, ou fay-le-moy connoiſtre.
O toy, qui que tu ſois, enfant dénaturé,
Et trop digne du ſort que tu t'ès procuré,
Mon troſne eſt-il pour toy plus honteux qu'un ſupplice?
O malheureux Phocas! ô trop heureux Maurice!
Tu recouvres deux fils pour mourir après toy,
Et je n'en puis trouver pour régner après moy.
Qu'aux honneurs de ta mort je doy porter envie,
Puiſque mon propre fils les préfére à ſa vie!

SCENE IV.

PHOCAS, HERACLIUS, MARTIAN, CRISPE, EXUPERE, LEONTINE.

CRISPE *à Phocas*.

SEigneur, ma diligence enfin a réüssi,
J'ay trouvé Léontine, & je l'améne icy.

PHOCAS *à Léontine*.

Approche, malheureuse.

HERACLIUS *à Léontine*.

Avoüez tout, Madame,
J'ay tout dit.

LEONTINE *à Héraclius*.

Quoy, Seigneur?

PHOCAS.

Tu l'ignores, infame!
Qui des deux est mon fils?

LEONTINE.

Qui vous en fait douter!

HERACLIUS *à Léontine*.

Le nom d'Héraclius que son fils veut porter.
Il en croit ce billet, & vostre témoignage,
Mais ne le laissez pas dans l'erreur davantage.

PHOCAS.

N'atten pas les tourmens, ne me déguise rien.
M'as-tu livré ton fils? as-tu changé le mien?

LEONTINE.

Je t'ay livré mon fils, & j'en aime la gloire,
Si je parle du reste, oseras-tu m'en croire,
Et qui t'asseurera que pour Héraclius,
Moy, qui t'ay tant trompé, je ne te trompe plus?

PHOCAS.

N'importe, fay-nous voir quelle haute prudence
En des temps si divers leur en fait confidence,

A l'un depuis quatre ans, à l'autre d'aujourd'huy.

LEONTINE.

Le secret n'en est sçeu, ny de luy, ny de luy,
Tu n'en sçauras non-plus les véritables causes:
Devine, si tu peux, & choisi, si tu l'oses.
L'un des deux est ton fils, l'autre est ton Empereur.
Tremble dans ton amour, tremble dans ta fureur,
Je te veux toûjours voir, quoy que ta rage fasse,
Craindre ton ennemy dedans ta propre race,
Toûjours aimer ton fils dedans ton ennemy,
Sans estre, ny Tyran, ny pére qu'à demy.
Tandis qu'autour des deux tu perdras ton étude,
Mon ame joüira de ton inquiétude,
Je riray de ta peine, ou si tu m'en punis,
Tu perdras avec moy le secret de ton fils.

PHOCAS.

Et si je les punis tous deux sans les connoistre,
L'un comme Héraclius, l'autre pour vouloir l'estre?

LEONTINE.

Je m'en consoleray, quand je verray Phocas
Croire affermir son sceptre en se coupant le bras,
Et de la mesme main son ordre tyrannique
Venger Héraclius dessus son fils unique.

PHOCAS.

Quelle reconnoissance, ingrate, tu me rens
Des biens-faits répandus sur toy, sur tes parens,
De t'avoir confié ce fils que tu me caches,
D'avoir mis en tes mains ce cœur que tu m'arraches,
D'avoir mis à tes pieds ma Cour qui t'adoroit!
Ren-moy mon fils, ingrate.

LEONTINE.

Il m'en desavoûroit,
Et ce fils, quel qu'il soit, que tu ne peux connoistre,
A le cœur assez bon, pour ne vouloir pas l'estre.
Admire sa vertu qui trouble ton repos.
C'est du fils d'un Tyran que j'ay fait ce Héros,

Tant ce qu'il a receu d'heureuse nourriture
Dompte ce mauvais sang qu'il eut de la Nature.
C'est assez dignement répondre à tes bien-faits,
Que d'avoir dégagé ton fils de tes forfaits :
Séduit par ton éxemple, & par sa complaisance
Il t'auroit ressemblé, s'il eust sçeu sa naissance,
Il seroit lasche, impie, inhumain, comme toy,
Et tu me dois ainsi, plus que je ne te doy.

EXUPERE.

L'impudence, & l'orgueil suivent les impostures,
Ne vous exposez plus à ce torrent d'injures,
Qui ne faisant qu'aigrir vostre ressentiment
Vous donne peu de jour pour ce discernement.
Laissez-la-moy, Seigneur, quelques momens en garde,
Puisque j'ay commencé, le reste me regarde :
Malgré l'obscurité de son illusion
J'espére démesler cette confusion,
Vous sçavez à quel point l'affaire m'intéresse.

PHOCAS.

Achéve, si tu peux, par force, ou par adresse,
Exupére, & sois seur que je te dévray tout,
Si l'ardeur de ton zèle en peut venir à bout.
Je sçauray cependant prendre à part l'un, & l'autre,
Et peut-estre qu'enfin nous trouverons le nostre.
Agy de ton costé, je la laisse avec toy,
Gesne, flate, surpren. Vous autres, suivez-moy.

SCENE V.

EXUPERE, LEONTINE.

EXUPERE.

ON ne peut nous entendre. Il est juste, Madame,
Que je vous ouvre enfin jusqu'au fond de mon ame,
C'est passer trop long-temps pour traistre auprès de vous.
Vous haïssez Phocas, nous le haïssons tous...

LEONTINE.

Ouy, c'est bien luy montrer ta haine, & ta colére,
Que luy vendre ton Prince, & le sang de ton pére.

EXUPERE.

L'apparence vous trompe, & je suis en effet...

LEONTINE.

L'homme le plus méchant que la Nature ait fait.

EXUPERE.

Ce qui passe à vos yeux pour une perfidie...

LEONTINE.

Cache une intention fort noble & fort hardie.

EXUPERE.

Pouvez-vous en juger, puisque vous l'ignorez?
Considérez l'état de tous nos Conjurez;
Il n'est aucun de nous, à qui sa violence
N'ait donné trop de lieu d'une juste vengeance,
Et nous en croyant tous dans nostre ame indignez,
Le Tyran du Palais nous a tous éloignez.
Il y falloit rentrer par quelque grand service.

LEONTINE.

Et tu crois m'éblouïr avec cet artifice?

EXUPERE.

Madame, apprenez tout. Je n'ay rien hazardé,
Vous sçavez de quel nombre il est toûjours gardé;
Pouvions-nous le surprendre, ou forcer les cohortes,
Qui de jour, & de nuit, tiennent toutes ses portes?

Pouvions-nous mieux ſans bruit nous approcher de luy ?
Vous voyez la poſture où j'y ſuis aujourd'huy,
Il me parle, il m'écoute, il me croit, & luy-meſme
Se livre entre mes mains, aide à mon ſtratagème.
C'eſt par mes ſeuls conſeils qu'il veut publiquement
Du Prince Héraclius faire le châtiment,
Que ſa Milice éparſe à chaque coin des ruës
A laiſſé du Palais les portes presques nuës,
Je puis en un moment m'y rendre le plus fort,
Mes amis ſont tous preſts, c'en eſt fait, il eſt mort,
Et j'uſeray ſi bien de l'accès qu'il me donne,
Qu'aux pieds d'Héraclius je mettray ſa Couronne.
Mais après mes deſſeins pleinement découverts,
De grace faites-moy connoiſtre qui je ſers,
Et ne le cachez plus à ce cœur qui n'aspire
Qu'à le rendre aujourd'huy maiſtre de tout l'Empire.

LEONTINE.

Esprit laſche, & groſſier, quelle brutalité
Te fait juger en moy tant de crédulité ?
Va, d'un piége ſi lourd l'appas eſt inutile,
Traiſtre, & ſi tu n'as point de ruſe plus ſubtile...

EXUPERE.

Je vous dis vray, Madame, & vous diray de plus...

LEONTINE.

Ne me fait point icy de contes ſuperflus,
L'effet à tes diſcours oſte toute croyance.

EXUPERE.

Et bien, demeurez donc dans voſtre défiance,
Je ne demande plus, & ne vous dy plus rien,
Gardez voſtre ſecret, je garderay le mien.
Puisque je paſſe encor pour homme à vous ſéduire,
Venez dans la priſon où je vay vous conduire ;
Si vous ne me croyez, craignez ce que je puis,
Avant la fin du jour vous ſçaurez qui je ſuis.

Fin du quatrième Acte.

ACTE V.

SCENE PREMIERE.

HERACLIUS.

Uelle confusion étrange
De deux Princes fait un meslange,
Qui met en discord deux amis !
Un pére ne sçait où se prendre,
Et plus tous deux s'osent défendre
Du titre infame de son fils,
Plus eux-mesmes cessent d'entendre
Les secrets qu'on leur a commis.

Léontine avec tant de ruse
Ou me favorise, ou m'abuse,
Qu'elle brouille tout nostre sort ;
Ce que j'en eus de connoissance
Brave une orgueilleuse puissance,
Qui n'en croit pas mon vain effort ;
Et je doute de ma naissance,
Quand on me refuse la mort.

Ce fier Tyran qui me caresse
Montre pour moy tant de tendresse,
Que mon cœur s'en laisse alarmer :
Lors qu'il me prie, & me conjure,
Son amitié paroit si pure,
Que je ne sçaurois présumer
Si c'est par instinct de Nature,
Ou par coûtume de m'aimer.

Dans cette croyance incertaine,
J'ay pour luy des transports de haine
Que je ne conserve pas bien ;
Cette grace qu'il veut me faire
Etonne, & trouble ma colére,
Et je n'ose résoudre rien,
Quand je trouve un amour de pére
En celuy qui m'osta le mien.

Retien, grande Ombre de Maurice,
Mon ame au bord du précipice
Que cette obscurité luy fait,
Et m'aide à faire mieux connoistre
Qu'en ton fils Dieu n'a pas fait naistre
Un Prince à ce point imparfait,
Ou que je méritois de l'estre,
Si je ne le suis en effet.

Soûtien ma haine qui chancelle,
Et redoublant pour ta querelle
Cette noble ardeur de mourir,
Fay voir... mais il m'éxauce, on vient me secourir.

SCENE II.

HERACLIUS, PULCHERIE.

HERACLIUS.

O Ciel! quel bon Démon devers moy vous envoye,
Madame ?

PULCHERIE.

Le Tyran, qui veut que je vous voye,
Et met tout en usage, afin de s'éclaircir.

HERACLIUS.

Par vous-mesme en ce trouble il pense réüssir !

PULCHERIE.

Il se pense, Seigneur, & ce brutal espére,
Mieux qu'il ne trouve un fils, que je découvre un frére,
Comme si j'étois fille à ne luy rien celer
De tout ce que le sang pourroit me révéler.

HERACLIUS.

Puisse-t'il par un trait de lumiére fidelle
Vous le mieux révéler, qu'il ne me le révele.
Aidez-moy cependant, Madame, à repousser
Les indignes frayeurs dont je me sens presser...

PULCHERIE.

Ah, Prince, il ne faut point d'asseurance plus claire.
Si vous craignez la mort, vous n'étes point mon frére,
Ces indignes frayeurs vous ont trop découvert.

HERACLIUS.

Moy, la craindre, Madame! Ah, je m'y suis offert.
Qu'il me traite en Tyran, qu'il m'envoye au supplice,
Je suis Héraclius, je suis fils de Maurice,
Sous ces noms précieux je cours m'ensevelir,
Et m'étonne si peu, que je l'en fais paslir.
Mais il me traite en pére, il me flate, il m'embrasse,
Je n'en puis arracher une seule menace,
J'ay beau faire, & beau dire, afin de l'irriter,
Il m'écoute si peu, qu'il me force à douter.
Malgré moy comme fils toûjours il me regarde,
Au lieu d'estre en prison, je n'ay pas mesme un Garde,
Je ne sçay qui je suis, & crains de le sçavoir,
Je veux ce que je dois, & cherche mon devoir,
Je crains de le haïr, si j'en tiens la naissance,
Je le plains de m'aimer, si je m'en doy vengeance,
Et mon cœur indigné d'une telle amitié,
En frémit de colére, & tremble de pitié.
De tous ses mouvemens mon esprit se défie,
Il condamne aussi-tost tout ce qu'il justifie,
La colére, l'amour, la haine & le respect,
Ne me presentent rien qui ne me soit suspect,

Je crains tout, je ſuis tout, & dans cette avanture
Des deux coſtez en vain j'écoute la Nature.
Secourez donc un frére en ces perpléxitez.

PULCHERIE.

Ah, vous ne l'étes point, puiſque vous en doutez.
Celuy qui comme vous prétend à cette gloire
D'un courage plus ferme en croit ce qu'il doit croire ;
Comme vous on le flate, il y ſçait réſiſter,
Rien ne le touche aſſez pour le faire douter,
Et le ſang par un double, & ſecret artifice
Parle en vous pour Phocas, cõme en lui pour Maurice.

HERACLIUS.

A ces marques en luy connoiſſez Martian,
Il a le cœur plus dur étant fils d'un Tyran,
La générosité ſuit la belle naiſſance,
La pitié l'accompagne, & la reconnoiſſance,
Dans cette grandeur d'ame un vray Prince affermy
Eſt ſenſible aux malheurs meſme d'un ennemy :
La haine qu'il luy doit ne ſçauroit le défendre,
Quand il s'en voit aimé, de s'en laiſſer ſurprendre,
Et trouve aſſez ſouvent ſon devoir arrété
Par l'effort naturel de ſa propre bonté.
Cette digne vertu de l'ame la mieux née,
Madame, ne doit pas ſouiller ma Destinée,
Je doute, & ſi ce doute a quelque crime en ſoy,
C'eſt aſſez m'en punir, que douter comme moy,
Et mon cœur, qui ſans ceſſe en ſa faveur ſe flate,
Cherche qui le ſoûtienne, & non-pas qui l'abate,
Il demande ſecours pour mes ſens étonnez,
Et non le coup mortel dont vous m'aſſaſſinez.

PULCHERIE.

L'œil le mieux éclairé ſur de telles matiéres
Peut prendre de faux jours pour de vives lumiéres,
Et comme noſtre ſéxe oſe aſſez promptement
Suivre l'impreſſion d'un prémier mouvement,
Peut-eſtre, qu'en faveur de ma prémiére idée,
Ma haine pour Phocas m'a trop perſüadée.

Son amour est pour vous un poison dangereux,
Et quoy que la pitié montre un cœur généreux,
Celle qu'on a pour luy de ce rang dégénére,
Vous le devez haïr, & fust-il vostre pére :
Si ce tître est douteux, son crime ne l'est pas.
Qu'il vous offre sa grace, ou vous livre au trépas,
Il n'est pas moins Tyran, quand il vous favorise,
Puisque c'est ce cœur mesme alors qu'il tyrannise,
Et que vostre devoir par là mieux combatu,
Prince, met en péril jusqu'à vostre vertu.
Doutez, mais haïssez, & quoy qu'il éxécute,
Je douteray d'un nom qu'un autre vous dispute. (puy,
En douter, lors qu'en moy vous cherchez quelque ap-
Si c'est trop peu pour vous, c'est assez contre luy.
L'un de vous est mő frére, & l'autre y peut prétendre,
Entre tant de vertus mon choix se peut méprendre,
Mais je ne puis faillir dans vostre sort douteux
A chérir l'un & l'autre, & vous plaindre tous deux.
J'espére encor pourtant, on murmure, on menace,
Un tumulte, dit-on, s'éléve dans la Place,
Exupére est allé fondre sur ces mutins,
Et peut-estre de là dépendent nos Destins.
Mais Phocas entre.

SCENE III.

PHOCAS, HERACLIUS, MARTIAN, PULCHERIE, Gardes.

PHOCAS.

Et bien, se rendra-t'il, Madame ?

PULCHERIE.

Quelque effort que je fasse à lire dans son ame,
Je n'en voy que l'effet que je m'étois promis,
Je trouve trop d'un frére, & vous, trop peu d'un fils.

PHOCAS.

Ainsi le Ciel vous veut enrichir de ma perte.
Il tient en ma faveur leur naissance couverte,
Ce frére qu'il me rend seroit déja perdu,
Si dedans vostre sang il ne l'eust confondu.

PHOCAS *à Pulchérie.*

Cette confusion peut perdre l'un & l'autre,
En faveur de mon sang je feray grace au vostre,
Mais je veux le connoistre, & ce n'est qu'à ce prix,
Qu'en luy donnant la vie, il me rendra mon fils.

à Héraclius.

Pour la derniére fois, ingrat, je t'en conjure;
Car enfin c'est vers toy que panche la Nature,
Et je n'ay point pour luy ces doux empressemens,
Qui d'un cœur paternel font les vrais mouvemens.
Ce cœur s'attache à toy par d'invincibles charmes,
En crois-tu mes soûpirs? en croiras-tu mes larmes?
Songe avec quel amour mes soins t'ont élevé,
Avec quelle valeur son bras t'a conservé,
Tu nous dois à tous deux.

HERACLIUS.

Et pour reconnoissance,
Je vous rens vostre fils, je luy rens sa naissance.

PHOCAS.

Tu me l'ostes, crüel, & le laisses mourir.

HERACLIUS.

Je meurs pour vous le rendre, & pour le secourir.

PHOCAS.

C'est me l'oster assez, que ne vouloir plus l'estre.

HERACLIUS.

C'est vous le rendre assez, que le faire connoistre.

PHOCAS.

C'est me l'oster assez, que me le supposer.

HERACLIUS.

C'est vous le rendre assez, que vous desabuser.

PHOCAS.

Laisse-moy mon erreur, puisqu'elle m'est si chére,
Je t'adopte pour fils, accepte-moy pour pére,
Fay vivre Héraclius sous l'un, ou l'autre sort,
Pour moy, pour toy, pour luy fay-toy ce peu d'effort.

HERACLIUS.

Ah, c'en est trop enfin, & ma gloire blessée
Dépouille un vieux respect où je l'avois forcée.
De quelle ignominie osez-vous me flater?
Toutes les fois, Tyran, qu'on se laisse adopter,
On veut une maison illustre, autant qu'amie,
On cherche de la gloire, & non de l'infamie,
Et ce seroit un Monstre horrible à vos Etats,
Que le fils de Maurice adopté par Phocas.

PHOCAS.

Va, cesse d'espérer la mort que tu mérites,
Ce n'est que contre luy, lasche, que tu m'irrites,
Tu te veux rendre en vain indigne de ce rang,
Je m'en prens à la cause, & j'épargne mon sang.
Puisque ton amitié de ma foy se défie
Jusqu'à prendre son nom pour luy sauver la vie,
Soldats, sans plus tarder, qu'on l'immole à ses yeux,
Et sois après sa mort, mon fils, si tu le veux.

HERACLIUS.

Perfides, arrétez.

MARTIAN.

Ah, que voulez-vous faire,
Prince?

HERACLIUS.

Sauver le fils de la fureur du pére.

MARTIAN.

Conservez-luy ce fils qu'il ne cherche qu'en vous,
Ne troublez point un sort qui luy semble si doux,
C'est avec assez d'heur qu'Héraclius expire,
Puisque c'est en vos mains que tombe son Empire.
Le Ciel daigne benir vostre sceptre, & vos jours.

PHOCAS.

C'est trop perdre de temps à souffrir ces discours,

Dépesche, Octavian.

HERACLIUS.

N'attente rien, barbare.

PHOCAS.

Je suis...

Avoüe enfin.

HERACLIUS.

Je tremble, je m'égare,

Et mon cœur...

PHOCAS *à Héraclius.*

Tu pourras à loisir y penser.

à Octavian.

Frape.

HERACLIUS.

Arreste, je suis... Puis-je le prononcer?

PHOCAS.

Achéve, ou...

HERACLIUS.

Je suis donc, s'il faut que je le die,
Ce qu'il faut que je sois, pour luy sauver la vie.
Ouy, je luy dois assez, Seigneur, quoy qu'il en soit,
Pour vous payer pour luy de l'amour qu'il vous doit,
Et je vous le promets entier, ferme, sincére,
Et tel qu'Héraclius l'auroit pour son vray pére.
J'accepte en sa faveur ses parens pour les miens;
Mais sçachez que vos jours me répondront des siens.
Vous me serez garand des hazards de la guerre,
Des ennemis secrets, de l'éclat du tonnerre,
Et de quelque façon que le couroux des Cieux
Me prive d'un amy qui m'est si précieux,
Je vengeray sur vous, & fussiez-vous mon pére,
Ce qu'aura fait sur luy leur injuste colére.

PHOCAS.

Ne crains rien, de tous deux je feray mon appuy,
L'amour qu'il a pour toy m'asseure trop de luy,
Mon cœur pasme de joye, & mon ame n'aspire
Qu'à vous associer l'un & l'autre à l'Empire.
J'ay retrouvé mon fils, mais sois-le tout à fait,
Et donne-m'en pour marque un véritable effet,

Ne laiſſe plus de place à la ſupercherie,
Pour achever ma joye, épouſe Pulchérie.

HERACLIUS.

Seigneur, elle eſt ma ſœur.

PHOCAS.

Tu n'ès donc point mon fils;
Puiſque ſi laſchement déja tu t'en dédis.

PULCHERIE.

Qui te donne, Tyran, une attente ſi vaine?
Quoy, ſon conſentement étoufferoit ma haine?
Pour l'avoir étonné, tu m'aurois fait changer?
J'aurois pour cette honte un cœur aſſez leger?
Je pourrois épouſer, ou ton fils, ou mon frére?

SCENE IV.

PHOCAS, PULCHERIE, MARTIAN, CRISPE, Gardes.

CRISPE.

SEigneur, vous devez tout au grand cœur d'Exupére,
Il eſt l'unique autheur de nos meilleurs deſtins,
Luy ſeul & ſes amis ont dompté vos mutins,
Il a fait priſonnier leurs Chefs qu'il vous améne.

PHOCAS.

Dy-luy qu'il me les garde en la Salle prochaine,
Je vay de leurs complots m'éclaircir avec eux.

Criſpe s'en va, & Phocas parle à Héraclius.

Toy, cependant, ingrat, ſois mon fils, ſi tu veux,
En l'état où je ſuis, je n'ay plus lieu de feindre,
Les mutins ſont domptez, & je ceſſe de craindre.
Je vous laiſſe tous trois.

à Pulchérie.

Uſe bien du moment
Que je prens pour en faire un juſte châtiment,
Et ſi tu n'aimes mieux que l'un, & l'autre meure,
Trouve, ou choiſy mon fils, & l'épouſe ſur l'heure:

Autrement, si leur sort demeure encor douteux,
Je jure à mon retour qu'ils périront tous deux.
Je ne veux point d'un fils dont l'implacable haine
Prend ce nom pour affront, & mon amour pour gesne.
Toy . . .

PULCHERIE.

Ne menace point, je suis preste à mourir.

PHOCAS.

A mourir! jusque là je pourrois te chérir!
N'espére pas de moy cette faveur suprème,
Et pense . . .

PULCHERIE.

A quoy, Tyran?

PHOCAS.

A m'épouser moy-mesme,
Au milieu de leur sang à tes pieds répandu.

PULCHERIE.

Quel supplice!

PHOCAS.

Il est grand pour toy, mais il t'est dû.
Tes mépris de la mort bravoient trop ma colére:
Il est en toy de perdre, ou de sauver ton frére,
Et du moins, quelque erreur qui puisse me troubler,
J'ay trouvé les moyens de te faire trembler.

SCENE V.

HERACLIUS, MARTIAN, PULCHERIE.

PULCHERIE.

LE lasche! il vous flatoit lors qu'il trembloit dans l'ame;
Mais tel est d'un Tyran le naturel infame,
Sa douceur n'a jamais qu'un mouvement contraint,
S'il ne craint, il opprime, & s'il n'opprime, il craint.
L'une, & l'autre fortune en montre la foiblesse,
L'une n'est qu'insolence, & l'autre que bassesse;

A peine est-il sorty de ces lasches terreurs,
Qu'il a trouvé pour moy le comble des horreurs.
Mes fréres, puisqu'ẽfin vous voulez tous deux l'estre,
Si vous m'aimez en sœur, faites-le moy paroistre.

HERACLIUS.

Que pouvons nous tous deux, lors qu'on tranche nos jours ?

PULCHERIE.

Un généreux conseil est un puissant secours.

MARTIAN.

Il n'est point de conseil qui vous soit salutaire,
Que d'épouser le fils, pour éviter le pére,
L'horreur d'un mal plus grand vous y doit disposer.

PULCHERIE.

Qui me le montrera, si je veux l'épouser ?
Et dans cet Hyménée à ma gloire funeste,
Qui me garantira des périls de l'inceste ?

MARTIAN.

Je le voy trop à craindre, & pour vous, & pour nous,
Mais, Madame, on peut prendre un vain títre d'époux,
Abuser du Tyran la rage forcenée,
Et vivre en frére, & sœur, sous un feint Hyménée.

PULCHERIE.

Feindre, & nous abaisser à cette lascheté !

HERACLIUS.

Pour tromper un Tyran c'est générosité,
Et c'est mettre en faveur d'un frére qu'il vous donne
Deux ennemis secrets auprès de sa personne,
Qui dans leur juste haine animez, & constans
Sur l'ennemy commun sçauront prendre leur temps,
Et terminer bien-tost la feinte avec sa vie.

PULCHERIE.

Pour conserver vos jours, & fuir mon infamie,
Feignons, vous le voulez, & j'y resiste en vain.
Sus donc, qui de vous deux me prétera la main ?
Qui veut feindre avec moy ? qui sera mon complice ?

HERACLIUS.

Vous, Prince, à qui le Ciel inspire l'artifice.

MARTIAN.

Vous, que veut le Tyran pour fils obstinément.

HERACLIUS.

Vous, qui depuis quatre ans la servez en Amant.

MARTIAN.

Vous sçaurez mieux que moy surprendre sa tendresse.

HERACLIUS.

Vous sçaurez mieux que moy la traiter de Maitresse.

MARTIAN.

Vous aviez commencé tantost d'y consentir.

PULCHERIE.

Ah, Princes, vostre cœur ne peut se démentir,
Et vous l'avez tous deux trop grand, trop magnanime
Pour souffrir sans horreur l'ombre mesme d'un crime.
Je vous connoissois trop pour juger autrement,
Et de vostre conseil, & de l'événement,
Et je n'y déférois que pour vous voir dédire.
Toute fourbe est honteuse, aux cœurs nez pour l'Em-
Princes, attendons tout, sans consentir à rien. (pire,

HERACLIUS.

Admirez cependant quel malheur est le mien.
L'obscure vérité que de mon sang je signe
Du grand nom qui me perd ne me peut rendre digne,
On n'en croit pas ma mort, & je pers mon trépas,
Puisque mourant pour luy je ne le sauve pas.

MARTIAN.

Voyez d'autre costé quelle est ma Destinée,
Madame, dans le cours d'une seule journée
Je suis Héraclius, Léonce, & Martian,
Je sors d'un Empereur, d'un Tribun, d'un Tyran.
De tous trois ce desordre en un jour me fait naistre,
Pour me faire mourir enfin, sans me connoistre.

PULCHERIE.

Cédez, cédez tous deux aux rigueurs de mon sort,
Il a fait contre vous un violent effort,

Vostre malheur est grand, mais quoy qu'il en succéde,
La mort qu'on me refuse en sera le remé le,
Et moy . . . mais que nous veut ce perfide?

SCENE VI.

HERACLIUS, MARTIAN, PULCHERIE, AMYNTAS.

AMYNTAS.

Mon bras
Vient de laver ce nom dans le sang de Phocas.

HERACLIUS.

Que nous dis-tu?

AMYNTAS.

Qu'à tort vous nous prenez pour traistres,
Qu'il n'est plus de Tyran, que vous étes les maistres.

HERACLIUS.

De quoy?

AMYNTAS.

De tout l'Empire.

MARTIAN.

Et par toy?

AMYNTAS.

Non, Seigneur,
Un autre en a la gloire, & j'ay part à l'honneur.

HERACLIUS.

Et quelle heureuse main finit nostre misére?

AMYNTAS.

Princes, l'auriez-vous creu? c'est la main d'Exupére.

MARTIAN.

Luy qui me trahissoit?

AMYNTAS.

C'est dequoy s'étonner,
Il ne vous trahissoit, que pour vous couronner.

HERACLIUS.

N'a-t'il pas des mutins dissipé la furie ?

AMYNTAS.

Son ordre excitoit seul cette mutinerie.

MARTIAN.

Il en a pris les Chefs toutefois.

AMYNTAS.

Admirez
Que ces prisonniers mesme avec luy conjurez
Sous cette illusion couroient à leur vengeance.
Tous contre ce Barbare étant d'intelligence,
Suivis d'un gros d'amis, nous passons librement
Au travers du Palais, à son Apartement.
La Garde y restoit foible, & sans aucun ombrage,
Crispe mesme à Phocas porte nostre message,
Il vient, à ses genoux on met les prisonniers,
Qui tirent pour signal leurs poignards les prémiers ;
Le reste impatient dans sa noble colére
Enferme la victime, & soudain Exupére,
Qu'on arreste, dit-il, *le prémier coup m'est deu,*
C'est luy qui me rendra l'honneur presque perdu.
Il frape, & le Tyran tombe aussi-tost sans vie,
Tant de nos mains la sienne est promptement suivie :
Il s'éléve un grand bruit, & mille cris confus
Ne laissent discerner que VIVE HERACLIUS,
Nous saisissons la porte & les Gardes se rendent,
Mesmes cris aussi-tost de tous costez s'entendent,
Et de tant de soldats qui luy servoient d'appuy
Phocas après sa mort n'en a pas un pour luy.

PULCHERIE.

Quel chemin Exupére a pris pour sa ruine !

AMYNTAS.

Le voicy qui s'avance avecque Léontine.

SCENE VII.

HERACLIUS, MARTIAN, LEONTINE, PULCHERIE, EUDOXE, EXUPERE, AMYNTAS, Troupe.

HERACLIUS *à Léontine.*

Est-il donc vray, Madame, & changeons-nous de sort ?
Amyntas nous fait-il un fidelle rapport ?

LEONTINE.

Seigneur, un tel succès à peine est concevable,
Et d'un si grand dessein la conduite admirable...

HERACLIUS *à Exupere.*

Perfide généreux, haste-toy d'embrasser
Deux Princes impuissans à te recompenser.

EXUPERE *à Héraclius.*

Seigneur, il me faut grace, ou de l'un, ou de l'autre,
J'ay répandu son sang, si j'ay vengé le vostre.

MARTIAN.

Qui que ce soit des deux, il doit se consoler
De la mort d'un Tyran qui vouloit l'immoler ;
Je ne sçay quoy pourtãt dans mon cœur en murmure.

HERACLIUS.

Peut-estre en vous par là s'explique la Nature,
Mais, Prince, vostre sort n'en sera pas moins doux,
Si l'Empire est à moy, Pulchérie est à vous,
Puisque le pére est mort, le fils est digne d'elle.

à Léontine.

Terminez donc, Madame, enfin nostre querelle.

LEONTINE.

Mon témoignage seul peut-il en décider ?

MARTIAN.

Quelle autre seureté pourrions-nous demander ?

LEONTINE.

Je vous puis estre encor suspecte d'artifice,
Non, ne m'en croyez pas, croyez l'Impératrice,

à Pulchérie luy donnant un billet.

Vous connoissez sa main, Madame, & c'est à vous
Que je remets le sort d'un frére & d'un époux.
Voyez ce qu'en mourant me laissa vostre mére.

PULCHERIE.

J'en baise en soûpirant le sacré caractére.

LEONTINE.

Apprenez d'elle enfin quel sang vous a produits,
Princes.

HERACLIUS *à Eudoxe.*

Qui que je sois, c'est à vous que je suis.

BILLET DE CONSTANTINE.

PULCHERIE *lit.*

Parmy tant de malheurs mon bonheur est étrange :
Après avoir donné son fils au lieu du mien,
Léontine à mes yeux par un second échange
Donne encor à Phocas mon fils au lieu du sien.
Vous qui pourrez douter d'un si rare service,
Sçachez qu'elle a deux fois trompé nôtre Tyran:
Celuy qu'on croit Léonce est le vray Martian,
Et le faux Martian est vray fils de Maurice.

CONSTANTINE.

PULCHERIE *à Héraclius*

Ah, vous étes mon frére.

HERACLIUS *à Pulchérie.*

Et c'est heureusement
Que le trouble éclaircy vous rend à vostre Amant.

LEONTINE *à Héraclius.*

Vous en sçaviez assez pour éviter l'inceste,
Et non pas pour vous rendre un tel secret funeste.

à Martian.

Mais pardonnez, Seigneur, à mon zèle parfait
Ce que j'ay voulu faire, & ce qu'un autre a fait

MARTIAN.

Je ne m'oppose point à la commune joye,
Mais souffrez des soûpirs que la nature envoye:
Quoy que jamais Phocas n'ait mérité d'amour,
Un fils ne peut moins rendre à qui l'a mis au jour.
Ce n'est pas tout d'un coup qu'à ce titre on renonce.

HERACLIUS.

Donc pour mieux l'oublier, soyez encor Léonce,
Sous ce nom glorieux aimez ses ennemis,
Et meure du Tyran jusqu'au nom de son fils.

à Eudoxe.

Vous, Madame, acceptez & ma main & l'Empire,
En échange d'un cœur pour qui le mien soûpire.

EUDOXE *à Héraclius.*

Seigneur, vous agissez en Prince généreux.

HERACLIUS *à Exupere & Amyntas.*

Et vous, dont la vertu me rend ce trouble heureux,
Attendant les effets de ma reconnoissance,
Reconnoissons, amis, la céleste puissance,
Allons luy rendre hommage, & d'un esprit content
Montrer Héraclius au Peuple qui l'attend.

Fin du cinquiéme & dernier Acte.

www.ingramcontent.com/pod-product-compliance
Lightning Source LLC
LaVergne TN
LVHW012353220826
846092LV00002B/546